会社の目的は利益じゃない

誰もやらない
「いちばん大切なことを大切にする経営」とは

ネッツトヨタ南国株式会社 相談役
横田英毅
YOKOTA HIDEKI

あさ出版

はじめに

戦後、日本は世界で一人勝ちの時期が長く続きました。さまざまな好条件に恵まれた結果ですが、この過程で、日本の経営は、手っ取り早く量を求める手法が王道のようにみなされてきました。

質はどうでもいいから、とにかく量を求める。そんなやり方が、いつしか常識となってしまいました。

しかし私は、「質のよい会社をつくって、その結果として量を増やしていく」ことが、本来の経営の在り方だと思います。それが、働く人にとって、お客さまにとって、地域にとって最も幸せな形であり、永続をも可能にすると考えるからです。

これは、先人たちがはるか昔から伝えていることですが、多くの人が忘れているようです。

ネッツトヨタ南国は、量を追求する考え方がピークを迎えるバブル景気の前、一九八〇年に、トヨタ車の販売会社としてスタートしました。

以来、「量追求」の世の中に逆行して、二〇年、三〇年を見据えた「質追求」の道をこつこつと歩んできました。この道のりで、何を、どのように考え、どのように大切にしてきたのかを著したのが本書です。

ここに書かせていただいたことは、私にとってはどれも当たり前のことで、真新しいことなど何一つないような気がしています。

私はただ、本来の会社のあり方について、質追求というブレない考え方、価値観をもち続けてきただけなのです。ですから、「それほどむずかしいことをよく続けてきましたね」というお褒めの言葉には、正直なところ違和感を抱きます。

なぜなら私にとっては、世の中の多くの人が求める「短期間での改革・革新」のほうが、よほどむずかしいことと思うからです。

深く根を張った立派な樹が数年では育たないように、「よい会社をつくる」ことも、短期間ではできません。二年や三年で企業風土の革新を行おうとしても、たいていの場合、よい結果にはならないと思います。それは、無理があるのです。

経営の世界では、二〇年や三〇年はあっという間に経過してしまいます。ですから地道にこつこつと、「人の幸せ」を本気で考え、実践し続けることこそ、経営の王道なのだろうと思います。

そのような信念で、三〇年余り、世の中と逆行した経営をしてきましたが、日本経営品質賞の受賞や、全国のトヨタ販売会社の中で顧客満足度ナンバーワンの評価を長くいただいていることをかんがみると、やはり私の考え方、価値観は間違っていなかったと思えてくるのです。

実は私は、過去一〇年の間に三度ほど、書籍を出版する機会をいただいたことがあります。三度とも、原稿も出来上がり、それぞれの出版社の方も「では発行を」というところまで進みました。ところが、最終的にはどうしても内容に納得できず、断念してしまいました。

もう出版には縁がないものと考えていましたが、三年ほど前に、あさ出版から本書執筆のお話をいただきました。

あさ出版は法政大学の坂本光司教授のベストセラー、『日本でいちばん大切にしたい会社』シリーズの出版元で、坂本教授が『日本でいちばん大切にしたい会社2』で弊社を取り上げてくださったご縁もあり、初めての書籍を出版させていただくことになりました。

坂本教授、あさ出版の佐藤和夫社長に、この場を借りて御礼申し上げます。

本書が、少しでも読者のみなさんのご参考になれば、望外の喜びです。

二〇一三年六月吉日

横田英毅

もくじ

第1章　「理念」の考え方

第2章
「人を育てる」ことの考え方

第3章 「サービス」の考え方

第1章

「理念」の考え方

「いちばん大切なこと」を大切にする

「あなたにとっていちばん大切なものはなんですか？」

そう尋ねられたとき、みなさんはどう答えるでしょうか。

「やっぱり家族ですね」

「健康がいちばんです」

「自分自身でしょうか」

いろいろな答えがあるはずです。しかし、続けてこう質問されたら……？

「自分のいちばん大切なものを、どのように大切にしていますか？」

「大切なものを大切にするために、昨日はどんな行動をとりましたか？」

おそらく、明快に答えられる人はほとんどいないのではないでしょうか。大切とは思いながら、具体的な行動は何も起こしていないな、という人のほうが多いのではないかと思います。

つまり人はほとんどの場合、自分にとっていちばん大切なことよりも、少し順位の劣ることのほうを優先してしまう傾向があるのです。大切なことが何であるかはわかっていても、それを実際には大切にしていないのです。

「心の中で大切に思っているんだから、いいじゃないか」という人もいるでしょう。しかし、行動に移していない限り結果にはつながりません。

いちばん大切なことは、最優先で行動しなければならないのです。

「いちばん大切なことは、いちばん大切なことを大切にすることである」

これは『7つの習慣』というベストセラー書で知られる、スティーブン・R・コヴィーの言葉です。私が最近聞いた言葉のなかで、最も心に残るものでした。

たしかに、私たちの身のまわりを見ると、「いちばん大切なはずのことを大切にしていない」場合が多いようです。心では「いちばん大切だ」と思っていても、それを行動に表していないため、客観的に見れば大切にしていないように見えてしまうのです。

これは会社も同じで、「自分たちにとって何がいちばん大切なのか」を常に意識して行動しなければなりません。

もっと売上げを上げたい。

もっとシェアを伸ばしたい。

もっと利益を上げたい。

本当に、そうなのでしょうか。

私たちは、売上げやシェアや利益が本当にいちばん大切にしたいことなのかどうかを、しっかりと考える必要があります。

多くの会社にとって、いちばん大切にしたいのは、経営理念に記されていることを実現することのはずです。お客様の喜びや社員の幸福。地域を含む多くの人々から会社全体が感謝の気持ちをいただくこと。

先にあげた売上げなどの数値は、いちばん大切にしたいことをいちばん大切にするための道具のようなものだと思うのです。

本当にいちばん大切にしたいことがわかっているなら、それをやればいいだけの話です。ところが私たちは、つい違う行動を起こしてしまうのです。

これは会社全体のことだけでなく、各部門にとっても同じことでしょう。

会社の各部門で、「今、何が大切か」を考えると、優先順位がパッと浮かんでくる。ところが現実に力を入れてやっているのは、別のことだったりする。

「いちばん大切なことを、いちばん大切にする」——私自身も、十分にできていないことかもしれません。

しかし、わが社にとっていちばん大切なことははっきりしています。

それは「全社員を勝利者にする」ことです。私はその実現に向かって、会社のすべての施策を考え、実行していこうとしているのです。

自分の可能性を最大限に発揮できる人こそ勝利者

わが社の大切な目的は、「全社員を勝利者にする」ことです。「勝利者」の頭に「人生の」という言葉をつけたほうがわかりやすいかもしれません。

「勝利者」を「成功者」と言い換えてもいいのですが、いろいろ解釈できる「勝利者」という表現のほうが、社員にとって考える余地ができていいだろうと思っています。

勝利者といっても「全社員」とつけていることでもおわかりいただけるように、敗者の上に成り立つ勝利ではありません。要するに、「相対的に勝ち負けになるような価値で競わない」という意味です。では、絶対基準はどこにあるかというと、それは一人ひとりの可能性です。

一人ひとりがもっている可能性を、人生で最大限に発揮できる――。それができた人こそ、勝利者です。

すべての社員に、会社でそれを実現してもらい、辞めるときに「この会社で働けて本当によかったな」と思える自分になってもらう――。

会社とは、そのためにさまざまな工夫をしなければならないところである、と私は考えています。

経済につながる道徳を追求する

人より先に昇進・昇格した。給料が多い。車の販売台数が多い。

これらは、相対的な勝ち負けの話です。

もちろん販売台数は重要ですが、わが社では、たくさん売った人をそれほどほめ称えるわけではありません。

「それだけが大切なのではない、大切なことはほかにもたくさんあるよ」と言い続けています。

こう言うと、「売れ、売れとハッパをかけなければ、売るパワーが弱くなるのではないか。会社としての業績は上がらないのではないか」と考える経営者がいると思います。

その気持ちもわかります。

二宮尊徳は「経済のない道徳は寝言だ」と言っていますし、道徳を追求し続けるためには経済が必要です。

経済につながらない、道徳のみを追求するのはボランティアであって、それでは経営者としては失格です。

では、どうすればよいのかというと、経営者は、経済につながるような道徳の追求をすればいいのです。

そこで私は、遠回りではありますが、「売れ」と言わなくても結果的に売れるしくみや気持ちをつくろうと考え、この努力を三〇年間続けてきたのです。

なかには、「私は車の販売台数は低いですが、お客様は大満足しているのでそれでいいじゃないですか」という営業スタッフもいました。

それに対して私たち幹部は、次のように答えてきました。

「たしかにお客様の満足度が高いのは素晴らしい。だが、販売台数が少ないというのは大きな問題なのですよ」と。

なぜなら、私たちがめざしているのは、「できるだけ多くのお客様に、できるだけ大きな満足を提供すること」だからです。満足していただけるお客様の数を多くするという「目的」のためには、販売台数を多くするという「目標」を達成しなければダメなのです。

数少ないお客様に満足を提供しただけでは、私たちがめざすことを実現できたことにはなりません。

たくさんのお客様に喜んでもらい、満足を得ていただくためには、やはり買っていただいて使っていただき、フォローの充実ぶりを喜んでもらうのが本来のあり方だと思うのです。

「大勢の人に喜んでもらう」ことと「結果を出す」ことのバランスが大切なのです。

結果ではなく、プロセスこそ評価に値する

多くの企業が、結果ばかりを求めます。

「とにかく結果を出せ、結果がすべてだ」とはっきり言う経営者も多く、評価されるのは結果の数字だけです。

結果ばかり評価すると、社員は当然、結果のみを求める働き方をし始めます。つまり、プロセスである顧客満足などはあまり意識しなくなってしまうのです。

ところがお客様の満足は、自分たちのやりがいである社員満足につながっています。お客様が満足してくださり、感謝と信頼の言葉をかけてくださる。その言葉が、社員

たちの満足になるのです。

ですから、結果だけを求めて顧客満足度をあまり考えない仕事のやり方をすると、自分たちも満足できず、やりがいもなくなってしまいます。

つまり結果を追い求めながら、逆に、結果を遠ざけていることになります。結果を求めるのであれば、プロセス、つまりお客様の満足を求める必要があるのです。

お客様の満足は、短時間で得られるものではありません。手順と、行動と、熱心さが必要です。

最終的にお客様に車をお買い求めいただくためには、長い時間をかけて、トヨタ車は他メーカーの車と比べて、どこがどんなふうに優れているのか、わが社でお買い求めいただければどんなアフターフォローがあり、どんな安心が得られるのかを、少しずつお伝えして信頼関係をつくっていかなければなりません。

ここを急ぐと、「買ってもらいたいあまりに、いい話ばかりしているのだな」と警戒され、「売る」という結果から遠ざかってしまいます。

私たちは、車のよさ、アフターフォローのよさ、自分の人間性などを、時間をかけて相手に少しずつ感じていただき、信頼関係をつくることを大切にしています。

仕事というものは、順序だててやっていかないと、なかなか結果にたどりつきません。大切なのは、プロセスです。

その大切なプロセスを見ずに結果を求めると、社員はお客様からの満足と感謝を得られないばかりか、そのためにやる気や喜びを感じることもできず、ひいては結果そのものを出せなくなってしまうのです。

当たり前のことを、人並み外れた熱心さで続ける

業績や経営環境が悪化するとすぐに出てくるテーマが「経営革新」ですが、そのほとんどはうまくいかないようです。一時的によくなっても、さまざまなゆがみが生じたりして、結局元に戻ってしまったという話も耳にします。

その原因はおそらく、理想と現実のギャップをすぐに埋めようとして、無理をするからではないでしょうか。ろくにトレーニングもしないで、いきなり高いハードルを跳ぼうとして転んでしまうのと同じです。

短兵急に物事を変えようとしても、そううまくいくものではありません。

物事を変えるために重要なことは、最初に自分たちの理想と、進むべき方向を見定めることです。

そして、その理想と現実とのギャップを明確にすることです。

そのうえで、時間をかけて、納得のいくまで理想と現実の距離をコツコツ縮め続けていけば、いつかは自分たちが下から見上げていた高みに届くことができるでしょう。

顧客満足度が高いという評価をいただいているわが社のサービスは、当たり前のことを人並み外れた熱心さで実行し続けることによって生み出されています。

大事なのは、熱心さであり、続けることです。

それこそ、「いちばん大切なことを、日々、いちばん大切にし続けられるかどうか」なのです。今後も発展を続けていくには、この姿勢を失わないことがいちばん大切だと思っています。

そして、なぜ私たちが「熱心に」「続ける」ことができているかといえば、それは私たちが、働く人のやりがいを基本とした経営こそ、これからを生き残る経営だと考えているからです。

やりがいがあれば「熱心に」「続ける」ことができる。人は人間力を発揮して、より人間らしく働くことができればやりがいを感じることができる。やりがいがあれば、「やろう」「やりたい」という気持ちが、スポーツや趣味や遊びのように内側から湧き上がる。

ところが近代の進んだマネジメントによって、私たちはいつの間にか、外側からの強い動機づけに突き動かされながら働くようになってしまいました。外側からの動機づけとは、給与や賞与、昇給、報奨金や表彰などのインセンティブ、叱咤激励や信賞必罰、人事考課や称賛、マニュアルやしくみ、ノルマや失敗をとがめるしくみなどで、そういう外からの動機づけにどっぷり漬かっていると、人はいつの間にかロボットのようになってしまいます。

人間のやりがいを基本とした経営を進めるためには、スタッフが仕事そのものに喜びを見出し、本来備えている個々人の能力を十二分に発揮して、自分自身と会社を成長させ続けていくような組織づくりを心がけなければなりません。

ネッツトヨタ南国は、三〇年近くにわたり、そのような組織づくりに挑戦してきました。

「全社員を人生の勝利者にする」

これが私たちの変わらぬ理念であり、いちばん大切にしていることです。

重要なのは問題の真の原因を解決すること

わが社では、「問題解決アプローチ」という考え方を大切にしています。

それがどういうものかを物語る有名なエピソードが、問題解決の手法で名高いトヨタ自動車にあります。

トヨタの工場で、ある機械が動かなくなり、調べてみたところヒューズが切れていることがわかりました。

ヒューズを交換すれば、機械は再び動き始めます。しかし、ヒューズが切れた原因を追究しなければ、取り替えたヒューズもまた切れてしまうでしょう。

そこで、担当者がこの機械をていねいに調べてみたところ、ヒューズが切れたのは、ある条件で作動部分の抵抗が大きくなり、大電流が流れたためと判明しました。さらに作動部分の抵抗が大きくなる原因を調査すると、作動部分の軸受けの潤滑油が不足していました。

担当者はそれでも満足せず、もっとさかのぼって潤滑油が不足する原因を追究すると、油圧ポンプに故障があることがわかったのです。

こうして、ついに直接的な故障部位とはかけ離れたところにある、根本的な原因を発見しました。この現場では、さっそく油圧ポンプを取り替えるとともに、日常の点検項目に油圧ポンプが故障していないかどうかを加えることにしたそうです。

このように、根源的な原因にまでさかのぼって手を打っていくことが、「問題解決」なのです。


多くの場合、ヒューズが切れたら交換して一件落着ではないでしょうか。

しかしそれは、「問題解決」ではありません。

そのような現象への表面的な対応は、「問題対処」と呼ぶのです。

自動車ディーラーの世界でいえば、広告チラシ、値引きセール、お願いセールス、夜討ち朝駆けといった営業セールスが問題対処です。

問題対処は、「思ったような売上げが達成できそうにない」という、結果に近いところから起こすアクションで、なんらかのトラブルが発生したときには即効性があり、すぐに効果が出ます。

ですから問題対処も場合に応じてもちろん必要なのですが、それは、その場しのぎの手段でしかありません。


一方、「問題解決アプローチ」とは、問題対処にとどまらず、根本的な問題を処理することをいいます。

ですから問題解決を行う場合には、問題の真の原因を特定する必要があります。

しかし多くの場合、油圧ポンプのように、真の原因はなかなか見えないところや気づきにくいところ、何かの陰に隠れているところにありますから、調べるのに手間と時間がかかります。

そして真の原因を取り除いても、結果が出るまでにはさらに時間が必要です。

このように、問題解決には多大な労力がかかるため、多くの人はとりあえず、「問題対処」を選んでしまうのではないでしょうか。

しかし手間と時間、知恵が必要だからこそ、「問題解決アプローチ」は大きな効果を生み出すのです。

自分たちで問題を発見し、自分たちで解決する

「問題解決」に取り組む過程は、上司にとって忍耐のいるときもあります。

たとえば、私があるとき、ショールームの電球が切れていることに気づいたとしましょう。

「おい、切れているよ、誰か交換しなさい」

そう指示すれば、ただちに結果があらわれ、小さな満足が得られるかもしれません。

しかし、それでは「なぜ切れた電球が放置されていたのか」という問題の解決にはならないのです。

からです。

「これから毎日、切れている電球がないか、点検しなさい」

このように指示を拡大しても、問題解決にはなりません。

ほかの部分に同じことが起こっていたら、そちらは見逃されてしまう可能性があるからです。

私は電球が切れていると気づいても、社員には何も指示しません。

ただ、そのことをしっかりと心にとどめておきます。

社員が自分たちで気づいて話し合い、問題を解決してくれるのをじっと待つのです。

気づくまで黙って知らない顔をしている間、私は、「うちの社員はどうして気づかないのかな」ということを考えています。なぜ気がつかないのかを考えることで、真の原因が見えてくるわけです。

ショールームの人間ではない私が気づいているのに、一日中そこにいる人が気がつかないのはなぜか。

自分の職場なのに電球が切れているのに気づかないということは、意識が低いのかもしれない。「ここは私の職場、ここを完璧にするのは私の仕事だ」と思っていないのかもしれない――。些細なことから、どんな問題が存在しているのかを探るのです。

もし、ある程度待っても動きがなければ、社員が電球の切れていることに気づくようなきっかけをつくります。

「電球が切れているよ」と言うと教えたことになりますから、気づいてもらうために、たとえば「ここのショールーム、どこかおかしなところがない？」と、かなり大雑把なヒントを与えたりします。あくまでも社員が自分で気づくことを優先するのです。

もう一つのやり方としては、黙って自分で電球を替えるという方法もあります。ショールームの人間ではない私が動くことによって、「あ、自分は気がつかなかった」と気づかせる方法です。

一般的には、「電球が切れているぞ。もっと気のきく人間になれよ」と言ってしまいがちですが、これを続ける限り、自分たちで問題を発見し、問題を解決する人には育ちません。

別の言い方をすれば、これは相手を変えようとしているわけです。

しかし、他人は変えられません。変えられるのは自分と明日、変えられないものは他人と過去ですから、他人を変えようなどと不可能なことをするのではなく、自分で気づかせ、自分で自分を変えるきっかけをつくってあげるのです。

私が自分で電球を替えれば、それを見た部下が「切れた電球を上司に替えさせるようではいけないな」と思うでしょう。

するとその人は、上司より先に電球が切れていることに気づくように、自分を変えようとするかもしれません。

本人が、自分で、自分を変えようとすることが大事なのです。

まどろっこしいやり方だと思われるかもしれません。

しかし、最も重要なことは、彼らが自分たちで問題を発見し、自分たちでその解決方法を考えるというプロセスなのです。

私が指示してしまったら、肝心なプロセスを奪うことになります。上意下達で指示命令をして社員をコントロールしていると、不具合を見つけるたびに指示を出さなければいけない組織になってしまうでしょう。

そしてもっといけないことは、上司が見ていないところで起こっている間違いがそのまま放置されていることです。

電球などは些細なことと思われがちですが、その些細なことを考える習慣が、社員の成長につながっていくのだと私は思うのです。

目標より、目的が大事

目的と目標はまったく違ったものです。

今ここに、「苦労したお袋に楽をさせてあげたい」と思っている一人の若者がいるとします。

お母さんに経済的に楽をしてもらうためには、安定した、高い収入を得る立場にならなければいけない。そのためにはいい学校に行って、大きい会社に入って、いい給料を稼いで——と考えました。

このケースでいえば、目的は「親孝行する」ことであって、高い収入を得ることも、いい学校に入ることも、まして大きい会社に入ることも、目標にすぎません。「お母さんに楽をしてもらう」方法は、実は他にもいろいろとあります。高校を卒業したら商売を始める道もあるし、腕のいい料理人など、専門的なスキルを身につける道もあります。つまり、目的を達成するための方法論が目標であって、その形は一つではないのです。

同じように、会社の目的は、売上げや利益ではありません。売上げや利益は目標です。会社の目的は、「社員を幸福にする」などのように、そうなりたい、そうありたいと思う姿なのです。会社は売上げや利益などの目標ではなく、それらの目的を大事にしなければなりません。

ここでもう一度、目的と目標の違いを明確にしておきましょう。
目的は長期のもので、見えにくく、利他の志向性をもち、考える力とつながるものです。目標は短期のもので、見ることができ、利己の要素が強く、知識やスキルとつながるものです。
別の観点で考えれば、目的とは方向（ベクトル）のことです。「組織のベクトルが合ってきた」「社員が同じ方向を向いて歩くようになってきた」などと、よく言いますよね。これに対して、目標は距離のことです。「今月の売上げ目標」などはその典型です。

整理すると次のようになります。

目的＝方向……志、夢、使命感、心、思いなど。質。（経営理念）
目標＝距離……具体的な取り組み事項、数値、モノなど。量。

そしてより重要なのは、目標ではなく目的です。

私がこう言うと、多くの人が「目的が大事なことはわかるけど、とにかく今は、売上げや利益を少しでも増やすように頑張らないと会社がもたない」と言います。

よってほとんどの会社は、売上げや利益の目標だけをつくって、その目標に向けて社員にハッパをかけるようなことをしています。

しかし、ここで考えてほしいのです。

会社の場合、どうして売上げが上がらないのか、どうして利益が出ないのかを突き詰めていくと、「社員がいやいや仕事をやっているから」ということが原因である場合が多々あります。

なぜやる気をもてずに、いやいや働いているのか？　それは、彼ら、彼女らが、給料のために働いているからです。

給料をもらうという目標のために働くのでは、仕事への情熱など生まれるはずがありません。いやいや、しぶしぶの、やらされ仕事になってしまいます。

それで成果が上がるわけがありません。

では、彼らや彼女らが、働く「目的」をもつとどういうことになるでしょうか。

働く目的とは、仕事を通じて自分を成長させる、まわりに認められて信頼される、社会や人々の役に立つ、などのことでしょう。

これらの目的のためであれば、人は意欲をもって、喜んで、惜しみなく働きます。

ですから経営者は、社員全員が「自分はなんのために働くのか」という目的をもち、「この会社で一生懸命働くことがいちばんだ」と思ってもらえるような会社にすればいいのです。

要するに、仕事が大好きな集団をつくろうということです。

大切なことは、個人も、そして会社も、目標ではなく目的を大事にしなければならない、ということです。

経営者は、売上げや利益などの目標を後回しにすることに不安を感じるかもしれません。しかし実は、いくら目的を強く意識しても、目標をおろそかにすることにはなりません。目的を一〇でやっていると、目標は八でもよくなってくるのです。

そして目標を八、七、六とどんどん少なくしていくと、目的のウエイトが高くなり、社員が幸せになれ、組織が活性化し、その企業は永続化します。

なぜ量にとらわれるのか？

「全社員を人生の勝利者に」というとき、私は「量と質」について考えをめぐらします。

以前、ヨーロッパに、経営者の研修旅行に行ったときのことです。

中小企業にせよ大企業にせよ、ヨーロッパに研修旅行に行くような人は、日本ではトップクラスの経営者といえると思うのですが、三〇〇年も続くヨーロッパの会社へ行って彼らが発する質問は、「なぜ、もっと会社を大きくしないんですか？」というものでした。

「三〇〇年続いているというが、小さい会社じゃないか」と、規模でよし悪しを判断する経営者もいました。

しかし、それは違うのではないかと思います。そうした日本の経営者が「量」を重視しているのに対して、ヨーロッパの経営者は「質」を考えているのです。

質がよかったからこそ三〇〇年続いてきたという事実の重さを理解せずに、社員数や売上げなどの量に目が行ってしまうのは残念なことです。

「なぜ会社の規模をもっと大きくしないのか?」という質問の背景には、「それほどいいモノだったら、もっとたくさんつくって売ればいいのに」という考えがあるのでしょう。

しかし三〇〇年続いてきた会社は、こう考えているのです。

「いたずらに量を拡大すると、ほかの人のシェアを食ってしまう。するとほかの人は値下げをする。そうなるとこちらも値下げせざるを得なくなる。そんなことをしているうちに、全体の質が下がる。その結果、全体の量が減っていく。誰も、得をするものはいない」と。

要はガソリンスタンドの値引き競争と同じで、最後には、つけがすべて自分に回ってくるのです。

本当は、ほとんどの経営者は、このことをわかっていると思います。

日本でも昔から、量よりも質が大事といいますし、質をよくしていくと、量もついてくるのだ、とも言われます。当然のことです。

しかし、質をよくしていっても、何かが欠けていると量がついてこない場合もあります。逆に、質が悪いのに量がたくさん売れているように見えることもあります。

混乱する材料が山ほどあるので、本来の「質をよくしていき、その結果として量を増やしていく」という、いちばん正しいやり方を見失いがちになるのでしょう。

これも、無理のないことかもしれません。

高度成長期以後の日本の経営者は、常に量を重視する世界にいるため、量がないと安心できないのでしょうか。

たしかに、需要が供給を上回っていた時代には、量だけを追いかけてもうまくいきました。

しかし、そういう時代は、もう二度と訪れることはないでしょう。

目先の結果を追うと、理念はお留守になる

「将来よい結果を得るために、今、ものすごく努力をする」よりも、「今すぐよい結果を出すことに大きな労力を使う」という風潮が強くなっているように思います。

とにかく今月、来月。

とにかく今年度。

結果から遠い仕事は後回しで、近々の売上げのほうが優先になっています。

もちろん、売上げは大事です。

売上げがなければ、会社は消滅します。

しかしその一方で、「お客様満足度のことを考えたら、今はこうしなければいけない」という、先を見すえた考えも大事なのです。

世の中には、「お客様満足」を標榜している会社がたくさんあります。

しかしそうした会社でも、経営会議で「お客様からこんな声を聞いた」などという話は、なかなか議題に上がりません。

「先日こんなことがあったけれど、これは会社の理念に反するのではないか？」「理念と反対のことをやったから、こういうふうになったのではないか？」などという話は出てこず、数字の話、営業上の折衝の話ばかりだったりします。

本来ならば、「この場合はこう行動するべきじゃないか？　きみはどう思う？」と言ったとき、部下が「当社の理念はこうですから、こういう行動を取るべきだったと思います」などの会話が上司と部下の間で交わされることが理想でしょう。

「お客様満足が大事」と言いつつ、現実の仕事では「こっちのほうが大事だろう」と言って、売上げや利益につながる方向へ上司が誘導しているケースが多いように思えます。

結局、日々の仕事のなかに理念が浸みこんでおらず、絵に描いた餅になっているのです。

今月の売上げ目標、来月の利益目標はたしかに大事です。

ただその「目標」は、あくまでも「理念」などの目的を追求するための通過点です。

将来、その「目的」を追求する過程で、「目標」が達成されるのですから、回り道のように思えても、遠いところにある「目的」に沿った言動を取り続けることが大切ではないでしょうか。

ちなみに私は、言葉で先に理念をつくっても、なかなか社員には浸透していかないと考えています。自分たちのやってきたことを明文化したら理念になった、というのが理想なのではないでしょうか。

人を動かすことができない経営理念はにせもの

「経営理念とは経営哲学でなければならない」と私は思います。

そうでなければ、高い目標を掲げたり、困難な改善活動に取り組んだりするようなつらい時期に、よりどころにすることができません。

「目的を実現するためにがんばろう！」

厳しいときにそう言える、〝錦の御旗〟が経営理念なのです。

私は経営理念とは、誰かが言った不朽不滅の金言のようなものではなく、理念を行使する人たちの強い使命感と正しい価値観によって、熟成されていくものだと思うのです。

完成度の高い経営理念を形成するためには、「何のためにするのか」という企業の使命（目的）を明確にしていくことが必要です。

ここがあやふやな経営理念は、働く人の共感を得ることがむずかしく、下手をすれば、単なる〝お題目〟としか見てもらえないでしょう。

「何のためにするのか」の意義がきちんと表現されたものでなければ、経営理念とはいえません。

本物の経営理念は、人を動かす力をもっています。

理念は、人が内側から動機づけられるものでなければならないのです。

その理念によって人が動き、組織が回り、社会のなかで果たすべき役割を果たしていく。それが経営理念の力です。

もし、理念が社員にとって、ただ飾ってあるだけの言葉になっていると感じるのなら、本物の経営理念につくり変える勇気が必要かもしれません。

社員みんなが自ら考え、発言する

経営理念が企業の存在理由や大切にしている価値など経営の原点のようなものだとすると、経営ビジョンは何をやりたいか、将来のありたい姿などをもう少し具体的に表したものと私は考えています。

ここでわが社の経営ビジョンについてご説明しましょう。

それは次の三つです。

一　真のお客様サービスを創造・実践する

二　考える―発言する―行動する―反省するという参画のプロセスを重視し、社員の成長と自己実現の機会を高める
三　お客様とビジネスパートナー、地域社会との発展的な関係構築から学習を重ね、独自性と主体性を発揮する

一の「真のお客様サービス」とは、私たちが車の販売にとどまらず、「トータルライフコンサルタント」という価値を提供することを意味しています。

そもそも、私たちがなぜ「真のお客様サービス」に取り組むのかというと、社員満足を高め、「全社員を勝利者にする」ためにほかなりません。

何度も繰り返すように、社員満足のために顧客満足を実践するのであって、その逆ではないのです。具体的なサービス内容については、後ほどご紹介したいと思います。

二の「考える―発言する―行動する―反省する」というプロセスは、人間的成長を促進するサイクルで、私たちは「成長の四原則」と呼んでいます。

自ら「考える」ことの重要性に気づいたのは、私自身、新卒採用の第一線に立っていたときです。その際に、学生たちに「どういう仕事をしたいですか？」と聞いたところ、いちばん多かった答えが「企画の仕事」でした。

これはつまり、自分の頭を使う仕事がしたいということです。もともと人間は、自分で考え、自分で思うようにやりたい、そのようにできているのだと、私は彼らから学んだのです。

では、どうやって自ら考える機会を用意するのか？

その答えが「発言する」です。

わが社の会議には、新入社員も出席して発言します。会議の場にいるだけの参加ではなく、「参画者」になってもらうのです。

「会議で新入社員が発言するのはむずかしいし、進行の邪魔になるだけでは」と思われるかもしれません。しかし、わが社では社員が発言することを優先し、おかしなことや間違ったことを言ってもかまわないことにしています。

ほかの参加者も、新人がトンチンカンな発言をしたくらいで顔色を変えたりはしません。むしろ、後輩の間違った発言は、「なぜ、彼はこんなおかしなことを発言するのかな？」という、先輩たちの課題になるのですから、意味のあることなのです。

自ら発言したら、次は「行動する」。わが社は多くのイベントを開催することでも知られますが、顧客満足や売上げを上げるために行っているわけではありません。一番の目的は、社員が自ら行動するためです。

「百聞は一見に如かず」と言いますが、単に観察しているより、自分で体験したほうが学びは大きいものです。だから、とにかく行動し、体験してもらう。それも、やったことのないことへの挑戦を奨励し、できない理由は考えません。

行動の後は「反省」ですが、挑戦を促すため、上司は部下の失敗をとがめません。しかし部下の反省が足りないなと思えば、上司はその原因を突きとめ、そこを変えていくようにはたらきかけます。

経験したことを繰り返せば失敗は少なくなりますが、反省する機会も少なくなります。言い方を変えると、新しい挑戦を奨励する意図は、「反省する」機会を増やすためなのです。

反省への機会が増えれば、考えることもそれだけ新たに増えるでしょう。

会社の仕事のなかで、この成長サイクルを繰り返し行えるようにすれば、社員の成長と自己実現の機会が増えていき、やがて経営理念に掲げた「勝利者」に近づいていくのです。

わが社の経営ビジョンの最後の項目は、「お客様とビジネスパートナー、地域社会との発展的な関係構築から学習を重ね、独自性と主体性を発揮する」です。

「メーカーに系列化された自動車ディーラーに、独自性や主体性を発揮する余地はあるのか？」という疑問をもたれる方もいるかもしれません。

これについては、同じメーカー系列のディーラーでも、業績に大きな差が出ていることを考えれば、独自性と主体性の必要性はおわかりいただけると思います。

むしろディーラーだからこそ主体的に地域の方々と交流を育み、独自の販売手法やサービスなどによって発展的な関係を結ぶことが重要なのではないでしょうか。

「魅力ある店」は景気に左右されない

「車をたくさん売りたい」というディーラーの常とう手段は、多店舗展開です。なぜ複数の店舗をつくる必要があるのかといえば、遠方のお客様が来店してくれないからです。

しかし私は、販売店を多くつくればいい、というのは手っ取り早く目先の結果を求める安易で対処的なやり方だと思うのです。

なぜ遠方のお客様が来てくれないのか？

理由は簡単で、店に魅力がないからです。ほかのディーラーとたいした違いがなく、お客様に「行きたい」と思わせるものがないのです。
お客様を引きつけるだけの魅力があれば、遠方からでも来店してくれるでしょう。

ところが、魅力ある店づくりは、そう簡単にはできません。まして、同時に複数の魅力的な店をつくることは、資金や人材に限りのある中小企業にはたいへんにむずかしいことです。

つまり、安易に多店舗展開に走ると、店の魅力を生み出せなくなってしまうのです。魅力のない店をいくら出店したところで、遠方どころか、近くのお客様も来店してくれなくなってしまうでしょう。

結局、固定費ばかりが膨らんで、集客の役に立たないばかりか、自分たちの力をすり減らすだけ、ということになりかねないのです。

思うのですが、中小企業は一つの拠点に力を注ぎ、他に類を見ない卓越したサービスを提供することに徹したほうがよいのではないでしょうか。そうすれば、たとえ一店舗でも、複数の店を合わせたくらいの成果を得られるでしょう。

多店舗展開そのものを否定する気はありませんが、店を増やそうとする前に、遠方からわざわざお客様が足を運んでくださるくらい、とことんお客様に愛される存在になる。こうした努力をし続ける店が魅力ある店なのであり、景気に左右されない店になると思うのです。

社員から愛される会社をめざす

お客様に愛される店（会社）は、社員からも愛される店（会社）です。

その指標の一つが、離職率でしょう。

わが社も創業時は、ほかの自動車ディーラーと同様、離職率は高止まりしていました。しかし十数年前から全国平均を大きく下回るようになり、現在の離職率は二％となっています。

これは、自動車ディーラーでは異例の低い数字です。

離職の傾向に目を向けても、「優秀な人ほど辞めない」という特徴があります。

その理由としては、社員満足を目的とする経営が根づいてきて、スタッフがこの会社を「自分が成長できる場」と認識するようになったからだと思います。

社員満足の経営が定着する過程では、社員にいろいろな変化が見られました。たとえば社員旅行です。

みなさんの会社では、社員旅行をなさっていますか？　みんなが嫌がるからと、やっていないのではないでしょうか？　やっている会社でも、内心ではしぶしぶ参加している社員が多いのではありませんか？

実はわが社も、社員満足の経営がまだ十分でなかった時代には、参加したがらない社員も少なからずいました。

しかし、今は違います。みんな積極的に参加し、現地での宴会では部署の垣根を超えた活発な議論が繰り広げられます。

遊びで旅行に行っても、みんな仕事の話をしたくなるようです。

何をしていても会社のことが頭から離れない……。
これもまた、社員たちが会社を愛していることのあらわれなのではないでしょうか。

第2章

「人を育てる」ことの考え方

教育は大切。しかし採用はもっと大切

社員の教育はたいへん重要です。
しかしそれ以上に重要なのは、採用だと私は考えています。
これはわが社の、創業時からの基本的な考え方です。

常に、自分たち以上の人間の集団をつくろうと努力し続けることが、よりよい会社をつくります。即戦力を優先して中途採用しかしない会社も多いようですが、いったん社会に出て異なる文化を体得した人を教育し直すのは、なかなかむずかしい面もあります。

自分たち以上の人間の集団をつくるなら、できるだけよい人材を、それもよい新卒を採用して、一から教育する必要があると私は思います。

だからわが社は、まず新卒者の採用基準を高くすることから始めました。

私は創業時から最初の一〇年間、採用の第一線に立って、使える時間の半分以上を人材確保に割いてきました。

しかし、就職を控えた学生にとって、自動車ディーラーは不人気業種の常連で、ディーラーに入社したいと希望する学生はほとんどいませんでした。強引な売り込みと過酷なノルマといった具合に、業界のイメージが劣悪だったのです。

それを思い知らされたのは、初めて参加した地元・高知の合同会社説明会でした。

よい人材を採用しようと意気込んでいた私は、パンフレットに次のような文章を書いてプレゼンテーションしました。

「きみはどこから来たのか、そしてどこへ行こうとしているのか。

……仕事をするうえでいちばん大切なものは、やりがいではないでしょうか。

人間は新しい発見に驚き、感動し、成長する喜びを実感して、初めて生きがいを感じるのではないでしょうか。

全社員が常に考え、勇気をもって可能性に挑戦し、たとえ失敗してもそれを次なるチャレンジの原動力として、おのおのがのびのびと能力を発揮できる職場こそあなたの職場です。……」


ところがブースに来てくれたのは、わずか三名でした。

私たちの意気込みはすっかり空回りし、結局、初めての合同説明会に参加したこの年、新卒採用はゼロだったのです。

同業他社が高い経費を投じてこのようなイベントに参加してこないのはなぜか、ということもこのとき理解しました。

しかし、いい会社をつくるためには、どうしても優秀な人材を確保する必要があります。その年の新卒採用はできませんでしたが、私はそれであきらめようとは思いませんでした。

「優秀なスタッフを集め、その社員たちと夢のような会社を築こう」。この思いが、よりいっそう強くなったのです。

三〇時間の面接でお互いを知る

私は、採用活動にかける費用を惜しんだことがありません。人材の確保が、会社にとって何より重要なことだと考えているからです。

採用するのは年五～一〇名でしたが、わが社の採用にかける費用は当時でも一〇〇〇万円以上でした。これは、同程度の規模の会社の五倍前後に達していたと思います。

アピールする対象も、就職を間近に控えた大学三、四年生だけではなく、一、二年生にも範囲を広げました。三、四年生にはたらきかけるだけでは、わが社の存在をアピールする時間が足りないと思ったからです。

多くの方が、わが社の面接に驚かれます。

創業のころから、一人の学生に対して、最低でも三〇時間以上かけて面接することにしているのです。

一回五時間程度の面談を、三カ月の間に六回くらい行います。合計すると三〇時間くらいになるというわけです。

三〇時間の中身は、ただひたすら面談、面談です。しかし、すべて同じ人が担当するわけではありません。毎回異なる社員が面談し、その学生が一緒に働きたい人物かどうかを、みんなで考えるようにしたのです。

三〇時間もの面談を行うのは、学生のためでもあります。

この会社が自分にとって最適な職場かどうかを、学生たちにも時間をかけて考えてもらいたいからです。

ペーパー試験を実施するのは、学生がわが社に何度も足を運び、社員たちと十分に話をし、わが社を第一志望にしてくれた後になります。

ですから、決まった時期に採用試験を行うのではなく、一年中試験をしているようなかたちになりました。試験で見るのは「人柄」「適性」と「価値観」(何を大切にしている人か)です。一般常識はあまり参考にしません。

決して給料がいいわけでも、休みが多いわけでもありませんが、トップが陣頭に立って会社説明を行い、会社訪問すると社員が入れ替わり立ち替わりやって来て、話をしてくれる……。

また、このように手間と時間をかけて内定を出すわけですが、学生に対しては、「ほかにもっと自分に合った会社が見つかったら辞退してもいいよ」と言っています。

こうした姿勢が話題となり、高知の学生のあいだでは「珍しい会社」として知られるようになりました。

大学のOBも後輩たちに「あの会社は勉強になるから、一度訪問しておいたほうがいいよ」と言ってくれるようになっていったのです。

何度も面談をするということは、学生に何度も会社に足を運んでもらうことになります。わが社への興味をふくらませた学生は次の面談にもやって来てくれますし、興味をなくした学生は自ずと来なくなります。

逆に、私たちが「今ひとつかな……」と感じる学生も、同じように自然に来なくなります。

就職希望の学生は、未来の社員候補であると同時に潜在的なお客様でもありますから、「不採用」という「NO」を出さずにすむことは、私たちのビジネスにとっては幸いなことです。

そういう点でも、時間をかける採用方法はわが社に合っているのだと思います。

待遇が悪いから、いい社員を採用できる

「いい人材をとるために、初任給をできるだけ高く出したい」という経営者がいます。

たいていの学生は、給料の高い会社、待遇のいい会社に入社したがるからです。

知名度があり、規模も大きく、安定していて待遇もいい。そんな四拍子揃っている会社には、学生が群がってきます。

しかし、たくさん群がってきた学生のなかから、どうやって本物を見つけたらよいでしょうか？　筆記試験二時間と面接二、三時間で、本物が見つけられるでしょうか？

大卒の四〇％弱が三年以内に辞める、という統計があります。

せっかく、規模の大きさと安定性と待遇、給料、賞与、休みの多さ、福利厚生の整った好条件の会社に入れたのに、なぜその会社を辞めてしまうのでしょうか？

それは恐らく、働いていて、給料などの好条件と同等か、それら以上に大事なものを感じることができないからです。

それら以上に大事なものとは、やりがいです。

「休みが多くて、給料が高い会社で楽をしたい」「まわりから『あの会社に勤めてるんですか、すごいですね』と言われたい」――そのような理由で会社に入っても、やりがいを得られるとは限らないのです。給料や優越感は、やりがいとはあまり関係がないからです。ここを勘違いしてしまうと、学生にとっても会社にとっても残念な結果になってしまいます。

ですから私は、待遇がよいということは、実はよい会社をつくりたいと考えている企業にとっては少し不利なことだと考えています。

逆説的に聞こえるかもしれませんが、不人気業種というのは、採用には有利です。

待遇や給料ではなく、仕事そのものに魅力を感じた人が来てくれるからです。

わが社は不人気業種であるだけでなく、低賃金で働き放題ですから、お金がほしい、楽をしたいという人ではなく、やりがいがほしいという人だけが残ります。

やりがいのある組織をつくれば、その人たちはますます力を発揮して伸びてくれるのです。

そういう意味でも、中小企業は「当社はやりがいのある会社だよ」ということを見せなければいけません。

たとえば、プロジェクトチームの活動などで、社員が笑いながら楽しくミーティングをしているような、いきいきとした姿を見てもらうのです。

そこで、「みんな楽しそうだけど、これは時間外なので残業手当はつきません」と説明します。

すると、学生はそこで、その会社に入るか入らないかを考えるわけです。

「残業代がつかないのにこんなに楽しそうに働けるなんて、この会社の人たちはすごい！」と思う人は、一〇〇人中三人くらいです。

ほとんどの学生は、「拘束されているのに残業代が出ないなんて、文句が出ませんか？」と質問してきます。

そのときは、「いや、拘束しているのではなく、みんな希望して参加しているんですよ」と答えます。

すると、入りたい人は近づいてきますし、価値観の合わない人は自然に離れていきます。給料の「多い・少ない」といった待遇で会社を決める人は、最初から入ってきません。

待遇よりもやりがいを求める人たちが集まれば、チームワークがよくなるうえに、一生懸命に働きますから仕事のムダがなくなって、生産性も上がります。生産性が上がれば新たな余力が生まれ、プロジェクトチームの活動もますます活発になっていくのです。そして、最終的には待遇のいい会社になることができます。

働く人の幸せはやりがい

働く人の幸せとは、やりがいだと思います。では、やりがいをもつとはどのような状態でしょうか。それは、前述のように就業時間の後に行うプロジェクトチームの話し合いに嬉々として参加し、仲間と過ごすひとときを楽しいと実感することがあげられるでしょう。あるいは点検に来られたお客様と談笑し、「○○さん、ありがとう」と言ってもらった瞬間かもしれません。こうした一つひとつの場面がやりがいといえるでしょう。

もしも、「やりがいはないけど、給料が高いから、家族のために歯を食いしばっていいます。

がんばろう」などと思っていやな我慢を続けていたら、人間、うつ状態になってしまいます。

「家族にとっては、高い給料よりも、夫で父、妻で母あるいは子どもである自分の健康のほうが大切だ」ということを忘れないでほしいと思います。

今、職場で心を病んでしまう人が増えており、社会問題になっています。

そこで、会社全体としては残業を禁止したり、人事や総務の人がメンタルヘルスのセミナーに出たり、社員を対象に「心の健康」に関する講習会を開く会社もあるようです。

しかし私は、社内でメンタルヘルスの講習会を開いても、五時半にコンピューターの電源を落とすようなことをしても、あまり意味がないような気がします。

「あそこは有名な大企業だけど、給料はすごく安くて休みも少ない。だけどやりがいがものすごくあって、みんな頑張るから結果を出す。能力も磨かれる。だから、あそこで勤めた人はよその会社に行ったらいきなり幹部社員になれるくらいだ」と思われる会社をめざすのです。

待遇と給料がよい会社には、やりがいがなくてもそれなりに満足して働き続ける人がたくさんいるでしょう。

しかし、そういう会社に成長はありません。一生懸命、自分たちの既得権益を守り、天下り先を探し、日本を悪くしてきた大組織は、みなさんもいくつか思い浮かぶのではないでしょうか。

メンタルヘルスについては、またあとで述べましょう。

会社の「質」はぜんぶ「人」から

第1章でも述べたことですが、会社の存在価値は「量」ではなく「質」です。

「会社をよくする」イコール「売上げがどんどん上がって利益が出る」ということではないことは、どの経営者も本当はわかっているはずです。

「よい」というのは質の話であって、売上げや利益は量の話です。

量ばかり追いかけて質をほうっておけば、今度は量が手に入らなくなる、というのは、誰でも簡単に理解できるメカニズムでしょう。

「質の高い会社をつくろう」「質を高めよう」というのは、会社を成長させることです。一方、売上げが上がって利益が出て、規模が大きくなる状態そのものは単に膨張でしかありません。「成長させる」と「膨張する」とは、意味が違うのです。

中身の「質」がよくなるのが成長だ、というのが私の考えです。

ところが現実には、多くの会社が膨張をめざしています。売上げと利益の拡大をめざして、どこまでいけば気がすむのかもよくわかっていません。

みんな、見えないものより、見えるものを大事にしてしまいがちなのです。

もちろん、膨張をめざす経営者の気持ちもわからなくはありません。経営者としては、数字が出ないと不安なのです。量をさておいて質を求めようとするのは、たいへんに勇気のいることだと思います。

しかし私はこう考えてみました。

「みんなが膨張を狙っているのだから、いずれその量も手に入らなくなるだろう。自動車の市場が、これから先、ドンドン増えていくわけではない。むしろ、いずれ少子高齢化の社会となる。すると車の販売台数は自然に減っていくだろう。そのとき強い会社となっているためには、今から準備しておいたほうがいい。本当に質の高い会社にならなければ、いずれ会社は行き詰まってしまうだろう」と。

これが、一九八〇年代、バブルに突入していく時代にネッツトヨタ南国が考えていたことです。

質を高めていくことが大事だというのは、昔から経営学者の人たちが言い続けてきたことです。私は彼らに、強く共鳴していたのです。

改めて、質を高めるというのはどういうことでしょうか？

答えは簡単です。

会社のすべては、人が生み出します。

だから、人の質が、会社の質です。

私が創業当初から採用に力を入れたのも、人の質を高めなければならないと考えたからでした。

わが社では、赤字ではないがそれほど黒字もでない、というとき、採用だけで年間一〇〇〇万円以上のコストを費やしていました。社員数が一六人くらいでスタートして六〇人くらいになるまでの間、ずっと一〇〇〇万円以上の採用活動費を使っていました。約一〇年間ですから、一億円以上は使ったことになります。

採用活動を手控えるだけで、まるまる一〇〇〇万円の利益が出る状況もありましたが、それでも採用にかける費用は削りませんでした。

会社は質だ、という信念からのことです。

利益が予定以上に出たとき、さらなる膨張をめざして、量を生み出す投資にあてる人もいます。

しかし、本当に会社を「成長」させたいと考えるのであれば、その利益はもっと「質」を高めることに振り向けるべきだと思います。

わが社にとっては、それが採用だったのです。

「鬼と金棒」が人材の条件

わが社が採用する人材の条件を考えるときには、「鬼と金棒」が、揺るぎない基準になります。

私はよく、こんなたとえ話をもちだします。

「次の四種類の鬼がいるとしたら、どれがいちばん強いと思いますか？」

一　大きな金棒を持った大きな鬼

二　大きな金棒を持った小さな鬼

三　小さな金棒を持った大きな鬼
四　小さな金棒を持った小さな鬼

考えるまでもなく、最強なのは一でしょう。

では、二番目以下の順位はどうでしょう？

ちょっと迷うものの、二番目に強いのは二の、「大きな金棒を持った小さな鬼」と思う人が多いのではないでしょうか。

しかし実は、これは最弱の組み合わせです。二番目に強いのは、三の「小さな金棒を持った大きな鬼」で、三番目が四の「小さな金棒を持った小さな鬼」なのです。

なぜ、二の「大きな金棒を持った小さな鬼」がいちばん弱いかというと、金棒が大きすぎるので小さな鬼では振り回せず、逆に鬼のほうが金棒に振り回されてしまうからです。

使えない武器は無用の長物、無理をして振り回せば、自分がケガをしてしまいます。

ここで、鬼を「人間力」、金棒を「知識」に置き換えてみましょう。

人間力とは、「道具を自由に使いこなし、未来を切り開く力」です。具体的には、観察力や洞察力などの「気づく力」、分析力や創造力などの「考える力」「コミュニケーション力」などがあげられます。

一方、金棒にあたる知識とは、情報や常識、経験、成功体験、マニュアルなどのことです。

人材でいちばん評価が高いのは、大きな人間力と大きな知識を兼ね備えた人です。

その次が、知識は小さくても大きな人間力の人。

反対に、知識と比べて人間力が小さすぎる人は、いわゆる頭でっかちの人ですから、評価は低くなります。それなら、小さな知識で小さな人間力の人のほうがまだよいでしょう。

知識、つまり金棒の小さな人は、「とにかくやってみよう！」と行動しようとしますが、金棒の大きな人は、できない理由を並べがちな傾向にあります。人間力に比べて知識がありすぎると、かえって行動に移りにくいのかもしれません。

ところが、多くの企業の採用で重視されているのは「知識＝金棒」のほうです。学歴や資格、ペーパーテストの結果など、目に見えるかたちで評価できるので、採用の根拠にしやすいからです。

一方で、「鬼＝人間力」は、重要だとわかっていても、短時間では見えてこない要素のため、採用の評価基準になじみにくいのです。

しかし、わが社が重視しているのは、あくまでも鬼＝人間力のほうです。採用プロセスでは、一人の学生に何度も来社してもらい、たくさんの社員と話をしていくなかで、多様な視点から学生の鬼＝人間力を見ようとしているのです。ただし、鬼を重視しているといっても、学生の人間力は未成熟です。ですから、より正確には「大きな鬼になれる可能性」「大きな鬼になろうとする意欲」を重視しているといえるでしょう。

わが社を訪れた学生に、社員が最も多く投げかける質問は、「なんのために働くのですか？」というものですが、いきなりこの質問に答えられる学生はまずいません。

でも、それでかまいません。

私たちは、答えそのものより、自分で考えて答えを出そうとするプロセスを見ているのですから。

知っていることを「できること」に変える

もう少し「人間力」について触れましょう。

人間力を分解するとさまざまな要素が出てきます。

たとえば言語能力なども、そのうちのひとつでしょう。

言語能力に自信のある人がいるとすれば、その人は、その得意分野を強化するだけでも人間力を高めることができます。

しかし本当の意味で「人間力が高まった」といえるためには、よくばって、全体を高めるように努めなければなりません。

人間力は、環境と体験によって高まります。会社の場合は、環境と体験を用意するのは経営者の役割になります。

「何かを学ぶためには体験する以外によい方法はない」というのはアインシュタインの言葉です。

わが社もこれにならって、「教えまくる会社」にはならないように気をつけています。「百聞は一見に如かず」と言いますが、これには続きがあって、それは「百見は一体験に如かず」です。これを単純計算すると、「一万聞は一体験に如かず」になります。

会社の上司が部下を叱るときによく、「何回言ったらわかるんだ?」と言いますが、その答えはつまり「一万回」というわけです。

「口で言ったほうが早い」「口で言わないとわからない」と、つい思いがちですが、一度体験させたほうが、確実に山の頂上に行く道は近いのです。

頭では理解している。

そのことを知ってはいる。

だけど、できない。

こうしたことは、世の中にいくらでもあります。

たとえば、「泳ぐにはどうすればいいか」ということは誰でも知っています。水の中で、うまく手足を動かせばいいのです。しかし、いくら机の上で泳ぎ方を聞かされても、水に入らずに泳げるようにはなりません。

「知っている」ということと、「できる」ということは、全然違うのです。本当は知行合一が理想なのですが、なかなかそうはなりません。

知行合一にしようと思うのなら、どうすればいいか。

泳ぎの例のように体験させればいいのです。体験してみれば、「知っていること」が「できること」になるのです。

リーダーシップとは主体性のこと

経営者や管理者にはリーダーシップが必要だ、といわれます。

しかし、部下にもリーダーシップがなければなりません。

大切なのは、上司、部下の全員が、自分自身でリーダーシップを育むことです。

実は、リーダーシップとは主体性のことで、ひいてはまわりから信頼される人、という意味なのです。よってリーダーシップは、リーダーであろうとあるまいと、仕事をするうえで必要なもののひとつです。

「みんながリーダーシップをもったらチームがまとまらなくなるのではないか」と、不安になる必要はありません。

本来、リーダーシップは、部下を統率したり、指示命令して人を動かしたりすることではないのです。

会社で何らかの役職についていなくても、リーダーシップとは主体性であるということを念頭に置きながら生活し、常に自分自身を見ながら行動していけば、全然違う人間になることができるでしょう。

主体的であろう、まわりから信頼される人間であろう、と意識して日々を過ごしていれば、それが習慣になってきます。

習慣とは、コツコツと長い努力によって身につくものですから、そうすぐに自分のものにすることはできません。しかし日々努力して続けるうちに、正しい意味でのリーダーシップが身についてくると思うのです。

自らを経営する力を、一人ひとりがつけていく

経営力とは、お金を儲けられるとか、たくさん稼げるといったことではないと思います。売上げを上げてお金を儲けることが会社を経営することだと思っている人がいますが、それはまったくの間違いです。

真の経営力とは、文字どおり「経営をする力」です。

そして経営とは、変えることです。

多くの人がやっているのは、管理ではないかと思えてなりません。

これはあくまでも私流の説明ですが、管理とは、「こうあるべき」というルールが

あり、そのルールどおりに事を運び、結果を出すことです。

たとえば自己管理がうまくできている人というのは、毎日同じようにそれができている人という意味です。

ですからもちろん「管理」も重要です。

ただ、管理の世界では物事を変える必要がありません。

一方、経営は変えていくことです。

ですから、自分をどんどん変えていく人が、「自分を経営する力のある人」ということになり、会社をどんどん変えていく人が、「会社を経営する力がある人」ということになります。

では、変えるためには何が必要でしょうか？

それは、問題を発見して解決する力です。

ただし、ここで注意しなければならないのは、問題には、結果（現象）として目に見えている表面的なものと、奥に潜んでいる本質的なものがあるということです。

この両者を取り違えてはいけません。

たとえば、「少子高齢化が問題だ」と言う人がいます。

たしかに問題とされていますが、少子高齢化は本質的な問題ではありません。それは誰の目にも見えていることで、発見するまでもありませんから、本質的な問題とは言えないのです。

では、少子高齢化になった本質的な問題は、どこにあるのでしょうか？

まず考えられることは、子どもの数の減少です。

その理由は、晩婚化、あるいは結婚しない男女が増えているからです。

さらには、結婚しても、子どもを一人か二人しかつくらない夫婦がほとんどだからです。

昔のように、子どもを七人も八人もつくる人がいなくなったのはなぜでしょう？

理由の一つとしては、子どもをたくさんつくると、学校や塾など、経済的な負担が大変だと考えるからです。

では、そう考える人が多くなったのはなぜなのか？

こんなふうにどんどん突き詰めて考えていくと、本質的な問題を発見することができます。本当の問題を発見すれば、現在のような、子どもを一人産んだら補助金を三〇万円出すとか、小中学校の学費を無料にするといった目先のことだけを考えた対処では、根本的な問題解決はできないことがわかるはずです。

そして本質的な問題を解決できなければ、少子高齢化という大きな問題は決してなくならないのです。

隠れているところにあるものを見つけるから「発見」と言います。そこにあってもう見えている事実は、「発見した」とは言いません。事実を「確認した」だけです。

前の「問題解決アプローチ」のところでも説明しましたが、見えたこと、見えていることに改善のアプローチを加えるのは対処です。

「火事になったら水をかける」ということが対処です。火事になっていることは目に見えていますから、「火事を発見した」とは言いません。

しかし、「なぜ火事になるのか。ここには何か火事になる原因があるのではないか」と考えたとき、「火の後始末をする習慣がないからだ」「燃えやすいものが火の近くにあるからだ」など、いろいろな、その現象を引き起こした「問題」がわかってきます。それが、問題を発見する、ということです。

会社にせよ自分自身にせよ、「経営＝変化」していくためには、本当の問題を発見する力が必要です。

そのようにして発見した問題に改善のアプローチを加えることが「解決」です。日々、この「問題の発見と解決」を繰り返していくことができれば、自分自身の経営力はぐんと上がってくることでしょう。

一つ加えると、これは耳の痛い話かもしれませんが、経営における本質的な問題を見つける過程で、実は自分自身に原因があることに気づく経営者は少なくないでしょう。ここで対峙できるかどうかが、経営力の分かれ道かもしれません。

まず自分が変わること

世の中には、メンタルヘルスの問題を抱えている会社がたくさんあります。

どうして社員がうつ病などのメンタルヘルスの問題を抱えてしまうのか？

それは社員が、主体的に動けていないからではないでしょうか。

自分自身の意思で、自分の思うような行動をしている人には、メンタルヘルスの問題は起こらないはずです。

「次にあげる項目で、あなたに当てはまるものはいくつありますか」という、社員対象のアンケートがあります。

1　成長の実感がない
2　自分で考えて仕事をすることができない
3　あまり自由に意見が言えない
4　自分の努力が評価されない
5　職場の人間関係、上司関係がよくない
6　コミュニケーション不足、チームワークがない
7　部門間のセクショナリズムが強い
8　所属している組織を愛せない

メンタルヘルスの問題を抱えている会社でこのアンケートを取ると、六つも七つも自分に当てはまるという社員が数多くいたりします。

一般の中小企業では、だいたい四つほどです。

多くの項目に「当てはまる」と回答するのは、たいていが一般社員です。年齢や勤続年数は関係ありません。自分で考えて仕事をし、指示を出す側の幹部社員はあまり

当てはまりません。

つまり、上司からの指示を受けることが多い一般社員の多くの仕事が、主体性のないロボットのようなものになっているということではないでしょうか。

それぞれの社員が自分の人間力を発揮する機会を与えられていないため、「やらされている」という思いが強くなっている気がするのです。

それは、本人にも問題はあるでしょうが、半分は会社に問題があります。

「自分の意見はいいから、言うとおりに動きなさい」

「文句を言わず、とにかく結果を出しなさい」

こういうことが当たり前になっている会社では、多くの項目に当てはまると感じる社員がどうしても多くなってくるのです。

ちなみにわが社では、ゼロの人が全社員の半分、一つ当てはまる人が半分でした。

幸い、わが社の場合は、成長の実感があり、自分で考えて仕事ができ、自由に意見が言えて、努力は評価され、職場の人間関係やコミュニケーションも良好で、セクショナリズムもない、と感じている社員がほとんどだということになります。

なぜ、わが社の場合はこのような結果になっているのかというと、それは意識して、社員の主体性、すなわち人間力を失わせないよう心がけているからです。

これは特別むずかしいことではありません。時間はかかるかもしれませんが、「社員の人間力を発揮させたい」と思って、本気でやればできることです。

そのためには、経営者はまず、自分を変える必要があるでしょう。たとえば、どうやってもよくならない会社をよくしようと思ってあがくより、自分を変えることから始めたほうがやさしいのです。

トップが自分を変えることができれば、会社は変わります。ところが、自分をまったく変えようとせずに会社を変えようとしている経営者が多いのが現実です。

自分のことを棚に上げて「改革だ」「革新だ」と言って張り切っても、会社は変わらないことを知っておきたいものです。

「誰かのために」がエネルギーになる

若者は「夢」をもたなければならないと、多くの人が言います。

「何歳までに独立して店をもつ」「何年後に年収いくらになる」など、夢に数字をつけたほうがいいと言う人もいます。

それはそれで、とてもよいことだと思います。

夢に期限を設ければ、その夢を実現するために三年後、今年、今月、今週、何をしなければならないかがわかります。自分の生活を律して人生をつくっていくうえで、有効なやり方だといえるでしょう。

ただ気をつけたいのは、数字をつけやすいのは、あくまでも目標レベルの夢の場合であってもっと大切なのは、目標の先の「目的」を明確にしておくことだということです。

たとえば「七年後に独立起業する」という夢をもっている、二十五歳の若者がいるとしましょう。私はその若者に、おそらくこう尋ねます。

「あなたは独立起業して、どんな自分になりたいのですか？　どんな会社にしたいのですか？」と。

その若者は、「三十代で金持ちになりたい」と言うかもしれません。すると私は続けて、「金持ちになって、どんなことをしたいのですか？」と聞くでしょう。

その若者は、やがて答えに窮してしまうはずです。なぜなら独立も金持ちになることも、目標にすぎないからです。

目標レベルの夢の多くは、自分のためのことなのです。

たとえば、自分が社長になってお金持ちになりたい。自分が立派な賞をとって人に認められたい。自分が多くの人のリーダーになって、偉そうにしてみたい。たいていがこういうことです。

では、目的とは何か？　これを追求していくと、意外なことに自分の目的は、「自分のためのことではない」ことに気づきます。

目的レベルの夢を描こうとすると、先の「お袋を楽にさせてあげたい」と考えた若者のように、「自分以外の人のため」が多くなります。

家族を幸せにするため。社員のため。お客様のため。できるだけ多くの人に喜んでもらうため。感動してもらうため。笑ってもらうため。

自分のことだけではなく、「ほかの人のためにこうしたい」というほうがエネルギーは出ます。自分のためだけの夢はエネルギーが出にくいし、また挫折もしやすい。

自分のために働くというよりも、妻や夫、子ども、家族のために働くというほうが、力は出るのです。

それがもっと広がって、「世の中のため、人のためになろう」と思うと、もっと力が出ます。宮澤賢治の言葉を借りれば、「世界ぜんたいが幸福にならないうちは、個人の幸福はあり得ない」のです。
だから、目的をもつことが大事なのです。

女子サッカーのなでしこジャパンが強かったのは、勝つという目標のためだけで戦ったからではありませんでした。彼女たちには、ある「目的」がありました。それは、自分たちが勝つことによって東日本大震災の被害を受けた東北の人たちに喜んでもらいたい、元気にしたいという目的です。

監督は試合の前に、選手たちに、東日本大震災の映像を見せたといいます。日本を元気にしたい。東北の人たちに少しでも喜んでもらいたい、勇気をもってもらいたい。そんな目的のために、戦ったのだと思います。

だから彼女たちは強かった。自分のことだけを考えてやるのではなく、利他の目的をもつとより強くなれるのです。

「横」を重視したチームワーク

狩猟民族には、「狩りに成功した者の勝ち」という傾向があります。しかし農耕民族はみんなが助け合い、多少働きのいい人と悪い人がいても、だいたい同じように分配するという傾向が強くあります。

特に日本は、助け合い、分け合う精神では世界ナンバーワンだと思います。ですから、日本の会社が、成果主義を導入して大失敗するのは当然なのかもしれません。

日本は、もともとムラ社会です。

ムラ社会で人がいちばん恐れるのは、村八分になって孤立してしまうことです。

だから、会社に勤めている人たちも、気にするのは上（上司）ではなく、むしろ横（同僚）なのです。

アメリカ人を見ていると、上司にさえ気に入られればいい、同僚が自分のことをどう思おうが関係ないと考える傾向を強くもっています。常に上司のほうを見ながら仕事をしているので、自分が仕事を終えると、同僚が残業していても、気にしないでさっさと帰ります。

ところがほとんどの日本人は、上司をあまり怖がりません。

同僚同士で飲みに行って、上司の悪口で盛り上がっています。これも見方を変えれば、上司云々の問題ではなく、一緒に上司の悪口を言って同調していないと同僚に嫌われるのではないかと恐れているのです。

日本のマネジメントは、そこを考えないとうまくいきません。要するに、「横のつながり」を重視する日本人の特性を、チームワークの基本におくのです。

営業の世界では、どうしても競争原理がはたらき、チームワークより個人プレーが多くなります。しかし本当は営業の世界こそ、チームプレーで売らなければならないのではないかと私は考えています。

自動車ディーラーだけではなく、たいていの営業部・営業所には、営業マンの成績グラフが張り出されているものです。成績グラフの効用は、各自の販売台数を棒グラフにして貼り出すことで全員の成績が一目瞭然となり、社員同士の競争心が自ずと煽られるところにあります。

しかしこれだと、職場は殺伐としたものになってしまい、横のつながりの強いチームワークはできません。そこでわが社ではこれを早い時期に廃止し、ひと工夫加えました。

私はもともと、社員に対し「売上げを伸ばせ」と言ったことはありません。経営者や管理職のなかには、「おまえ、なんだ、あいつに負けてるじゃないか！　悔しくないのか」などという言葉で部下を叱咤激励する人がいるようです。それで奮起する部下もいるかもしれませんが、それは長続きしません。コミュニケーションやチームワーク、やりがいなどの、大切なことを失ってしまうからです。

もちろん、私も経営者ですから、売上げを伸ばしたくないわけではありません。ただ、私が意図していたのは、個人プレーで行っていた自動車セールスの仕事を、チームプレーに変えることでした。

自動車ディーラーの業界は、より多くの台数を売った者が偉く、売れない者は叱責され、淘汰されていく傾向があります。だからセールススタッフは、みんな一匹狼的に仕事をするようになります。

しかし、一人で一カ月に一〇台以上も販売する敏腕セールススタッフがいたとしても、トータルで見たときにプラスになるかというと、それは疑問なのです。

一人で十数台も販売するとそれだけで仕事が終わってしまい、アフターフォローなど、お客様の満足につながるサービスができません。社内的な業務も滞ってしまうことでしょう。

つまり、社員同士で販売台数を競わせると、自分が直接担当しているお客様以外の方への対応がないがしろになってしまう恐れがあるのです。

社員同士が一体となり、チームワークを発揮してお客様に対応しなければ、会社全体として質の高いサービスは提供できません。

そもそも、チームワークが悪いというのは、組織の人間関係やコミュニケーションができていないことの反映です。

そんな居心地の悪い組織で我慢して働き、お金を稼げたとしても、社員は幸福にはなれないでしょう。

全員が一体となってチームワークを発揮できるようにするため、経営者には、最大限の注意と努力が必要なのだと思います。

「今だけ、金だけ、自分だけ」を否定する

世の中には、素晴らしい人がたくさんいますが、なかには「俺が、俺が」という人もいます。「人のことはどうでもいい、とにかく自分だけは」という人です。「今だけよければいい」とか、「金が万能で、自分は金のためだけに働いている」などと考えている人も残念ながらいます。

なかには、「今だけ、金だけ、自分だけ」という、三拍子そろったような人もいます。

こういう人たちが多い会社は、上司は上司で部下の気持ちなど理解しようとせずに強権的になったり、数字で縛ったりします。部下は部下で、ただただ反発して上司の

悪口ばかり言っている——。

これでは、組織としてのまとまりなど望むべくもありません。

わが社は、ありがたいことに、チームワークがいい会社だと言われます。

その大きな理由の一つは、右にあげたようなタイプの人を採用していないということです。要するに、「今だけ、金だけ、自分だけ」を、ぜんぶ裏返した価値観で人を採用しているのです。

今も大事ですが、将来も大事だという価値観。

お金も大事ですが、お金以外にも大事なものがいっぱいあるという価値観。

自分を大切にしようと思ったら、自分以外の人を大切にしないと自分を大切にしたことにはならない、という価値観です。

私たちは、まわりの人を大切にするのは、それはまわりの人のためではなく、自分のためということがわかっている人を仲間として受け入れます。

これらのことがちゃんとわかっている人を、わが社では採用しているのです。これは、年齢も性別も関係ありません。

本当に、これらの価値観をもった人かどうかを見極めるために、わが社は長い時間をかけて、大勢の社員が採用のための面談を繰り返しているわけですが、多くの会社は、この点にあまりにも無頓着であるように思います。

よい会社をつくるには、求める価値観をもった人の集まりをつくるしかありません。ところが多くの会社は、「とにかく売上げを上げそうな人」を採用して、採用したあとも「今と金と自分を大事にしなさい」と教え続けているように、私には思えます。だから、常に社員を、お金のために働くように仕向けています。ほかの人を蹴落としてでも自分を大事にする人を、評価しています。

わが社では、その逆のことをやっているのです。

これが、わが社のチームワークのもとだと思っています。

「自分の問題」であることに気づいてもらう

経営者にとって、社員が何をどのように考えているかを知るのは、たいへん重要なことです。これは「社員満足度の高い会社」を実現するうえでは欠かせません。

そのためにとても役立ったのが、無記名の社員アンケートです。

八〇年代の半ばにには、社員に対してよく「トヨタビスタ高知（わが社の旧名）をどんな会社に育てたいか」という趣旨の、アンケートをとりました。

人は相手に悪口と受けとられそうなことは、なかなか口に出したくないものです。

そこで無記名としました。

アンケートの回数を重ねるごとに本音が出てくるようになりました。誰が言ったのか詮索されない安心感があると、人は言いたいことが言えるようになります。社員の本音を聞く、今でいう「見える化」「可視化」です。

アンケートを始めた最初のころは、給与や賞与、休みに関する要望がたくさんありました。

私はそうして得た社員たちの本音を、分類してみました。

すると、人間の欲求を五段階に分類して説明した「マズローの欲求段階説」（生理的欲求、安全の欲求、親和の欲求、自我の欲求、自己実現の欲求の順に、人間の欲求は基本的なものから高次のものに移行していく、という説）にぴったり当てはまったのです。

その内容を簡単にまとめると、次のようになります。

●「生理的欲求」に当てはまるアンケート結果

休みが十分とれている。
働きに対して給料がいい。
無理な残業がない。
●「安全の欲求」に当てはまるアンケート結果
清潔で快適な職場である。
仕事を通じてのケガや病気の心配がない。
永続性があり安定した会社である。
●「親和の欲求」に当てはまるアンケート結果
コミュニケーションがよい。
チームワークがよく、助け合う職場である。
人から勤め先を聞かれたとき、誇りをもって答えられる。
●「自我の欲求」に当てはまるアンケート結果
お客様から感謝されている。
重要な仕事を任されている。

結果を明確に評価される。

●「自己実現の欲求」に当てはまるアンケート結果

経営に参画できる。

自分の仕事において、自主性が尊重されている。

自分の仕事を通して、自分の成長を感じる。

私はこの結果をまとめたチャートを壁に張り出し社員全員に報告しました。

すると、みんなあることに気がついたのです。

生理的欲求や安全の欲求は、経営者に対して要求する内容です。しかし、それより高次の欲求の多くは、自分たちの努力で解決できたり、改善できたりする事柄だったのです。

この点が自覚され始めてから、私に対し「給料を上げてほしい」「休みを増やしてほしい」と言う社員はだんだんいなくなりました。

「自分たちで解決できることを解決していくと、やがて業績がよくなり給与も上がる」ことを知ったのです。

アンケートとフィードバックを繰り返すなかで、社員は自分たちの会社をどう変えてゆくべきか、そして自分はどのように働くべきかについて、それぞれの考えを深めていきました。その結果、より次元の高い欲求に自ずと意識が向くようになったのだと思います。

喜ばれることを喜びとする

社員のさまざまな気持ちを見える化する社員アンケートは有益です。

ただしここで気をつけなければならないのは、社員が答えやすいアンケートにすることです。

わが社の場合、前述のように、最初に「自分たちの会社をどうしたいか?」というアンケートをとりましたが、実は集まりがあまりよくありませんでした。

特に若い社員にとっては、抽象的な質問をいきなりされても、なんと答えていいのかわからなかったのだと思います。より具体的な本音が出やすくなるよう、聞く側は質問に工夫しなければならないことがわかりました。

これを踏まえて次に行ったのが、「入社してから現在まで、悲しかったこと、いやだったことをぜんぶ書き出してください」というアンケートでした。

この質問をした背景には、会社を設立してから数年は社員の定着率があまりよくなかったという事情があります。

さらに、退職していった人の本当の退職理由も探り出しました。本人には直接聞けないため、同僚社員に尋ねたのです。

このようにして意見を集めてみると、社員はどんなときに不満をもち、会社を辞めたくなるのかがわかってきました。

「上司との折り合いが悪い」「一生懸命努力しているのに認めてもらえない」「大事な情報を自分だけ聞かされていない」「お客様からのクレームばかりで、その対応に追われて仕事が面白くない」「この会社にいても、自分は成長する気がしない」などが主な意見でした。

一方、これと同時期に、アンケートとは違う思わぬところで「社員を幸せにする」ための重大なヒントを発見しました。

当時、大学三年生の元には企業の採用広告を集めた分厚いリクルートブックが送られていました。それをパラパラめくっているうちに、販売業、サービス業の入社三、四年目の若手社員が、学生へ送ったメッセージ記事が目に入りました。

そこには、こんなふうに書かれていました。

「この仕事をしていてよかったと思うことは、お客様が喜ばれる顔を見たとき。感謝の言葉をかけてこられたとき」

「お客様にお誉めの言葉をいただいたときに、私はたいへんやりがいを感じます」

「お客様に『ありがとう』と喜んでいただいたときは本当にうれしいものです」

「『次回もまた来ます』と言われたときは、この仕事を選んでよかったと思いました」

「車が売れたときの喜びよりも、売れる前後の訪問時に『よく来てくれた、ありがとう』と言われるのがいちばんうれしい」

仕事の醍醐味を語る若い人たちの言葉を目の当たりにした私は、「これだ！」と思いました。「毎日、朝から晩まで『この仕事をやってよかった！』と思えることが起こる。そんな会社にすればいい！」と。

つまり、お客様に喜んでもらうことで、社員が満足を感じる会社にすればいいのです。すると仕事に喜びを感じている社員がお客様に接することになり、お客様にもっと喜んでいただける――。この好循環を実現すれば、アンケートにあがった不満はその過程で自ずと解消されていき、素晴らしい会社になることに気がついたのです。

人は誰でも、人に喜んでもらうことに喜びを感じる気持ちをもっています。そしてそれが、自分を成長させることになることを知っています。

ですから、社員の幸福を本気で実現しようと思うのなら、お客様に喜んでもらえたかどうかがわかるしくみをつくり、自分を成長させる機会が十分に組み込まれている形をつくるのです。

これが経営者の、最も大事な仕事のひとつだと私は考えています。

自分で考え、発言し、行動し、反省する

人間は、自分で考え、発言し、行動し、反省するというサイクルを繰り返すことによって成長していきます。

そこでわが社では、イベントをはじめとする会社内のさまざまな施策を立案・実行していくプロジェクトチームをつくり、社員に企画・運営を任せることにしています。プロジェクトのテーマは、わが社が重視する課題のほとんどぜんぶです。

参加は有志で、ベテランでも新入社員でも、セールススタッフでもエンジニアでも、

そのテーマに関心があれば誰でもＯＫです。自発的な参加を重視し、どんな発言もＯＫとしました。

キャリアや担当している業務の枠を超えて知恵を出し合い、協働して問題解決にあたっていくことで、個人の成長やチームワークの形成、組織の活性化が進むことをめざしているのです。

プロジェクトチームのミーティングには、幹部社員は基本的に参加しません。トップや管理職がいると、メンバーたちがそちらの顔色をうかがってしまう恐れがあるからです。

もちろん、プロジェクトチームが決めたことに私がストップをかけることはなく、そのまま実行し、うまくいかなければ反省し、再び新たなチャレンジをしていくようになっています。「これはもしかすると、うまくいかないかもしれないな」と思っても、上司はあえて黙っています。

自主性がなければ、社員のモチベーションは高まりません。

参加するだけではだめなのです。参画しなければなりません。

参画と参加の違いは、参画には自主性がありますが、参加というのはただそこにいるだけということです。会議であれば、出席していただけ、というのが参加です。実際に仕事をする場合でも、自分の考えをもたずに「ただやらされているだけ」というのが参加です。要は、能動的なのが参画で、受動的なのが参加ということです。

人のモチベーションは、外から上げたり、下げたりできるものではありません。その人の内側から沸き上がってくるものではないでしょうか。

「成果を出せば報酬がもらえる。だから人はやる気を出す。ということは、外からでもモチベーションは上げられるではないか」と言う人がいるかもしれません。

たしかに、そういうことも短期的には起こります。しかし、それをずっとやり続けているうちに、本当のモチベーションではなくなってくるのです。

逆に、外側からの動機づけ、刺激がなければ動かないロボットのような存在になってしまう危険性すらあります。しかもそんなふうに刺激されて生まれた「意欲」は、すぐに下がってしまいます。

しかし、自分で考え、発言し、行動し、反省する。このサイクルから湧き上がってくるモチベーションは、簡単には下がりません。だからよい会社をつくるには、社員の自主性をどこまでも大事にするしくみが必要なのです。

社員が喜びを感じて成長していく場に

ネッツトヨタ南国は、自動車ディーラーとしてはかなり異端の道を歩んできています。創業当初から、「売上げ第一」という道を、選ばなかったからです。

初期のころから、集客力は強く、設立して三年目の一九八三年の前期（一～六月）には、イベントと日曜営業の動員数で、トヨタビスタ系列のディーラーで全国ナンバーワンになるほどでした。

また、同じ年の四月に開催された「ビスタ店整備技能コンクール」で、当時二十歳と二十二歳の社員が全国三位に入賞しました。四国ブロックでは、過去一〇年間ほど全国大会での入賞者がいなかったため、これは快挙といえます。

ところが、業績がいまひとつだったため、メーカーから「要重点指導ディーラー」の烙印を押されたくらいです。しかし、焦りはありませんでした。商品はトヨタの優秀な車を扱っていますし、私たちのようなやり方では、成果が出るまでには時間がかかると最初から予想していたからです。

むしろ恐れるべきは、販売している商品のおかげで売上げだけがどんどん伸びていくような状態だと私は考えていました。

長期的にみれば、短期間で規模を拡大し、売上げだけが伸びていく会社は危険だと思うのです。これは先の鬼と金棒の関係で考えると、最も脆弱な小さな鬼が大きな金棒を持った状態です。

質の高い成長のためには、一人ひとりの社員や組織のチームワーク、お客様との信頼関係などが、売上げの伸びとともに成長していかなければなりません。

業績という結果だけが伸びるのではなく、すべてを同時に成長させたい。それには時間もかかるだろう……。私はそう考えていました。

そこで私は、次の三つの取り組みが矛盾せず、互いに連動して相乗効果を生み出していくように組織をつくろうとしました。

●誰も幸福にならない飛込み営業をやめ、そこでセーブした時間をアフターフォローに費やしお客様に喜んでいただく。
●社員同士の競争をやめ、チームワークを発揮し、質の高いサービスを提供する。
●社員がクリエイターとして活躍し、お客様を楽しませるアイデアを創出する。

自動車ディーラーとして「異端」とされたこれらの取り組みは、営業的にはお客様に喜んでもらい、信頼関係を築くためのものですが、経営的には、社員が仕事に喜びを感じ、仕事を通じて自分自身を成長させていくという目的があります。

そして、一人ひとりの社員が成長すれば、会社全体の成果につながります。これこそ、大きな鬼が大きな金棒を持った状態です。

社員、お客様、会社がすべてＷｉｎ－Ｗｉｎの関係で結ばれる――。そこには、なんの矛盾もありません。

「そんなきれいごとを言っても、社員は簡単に成長しないし、社員同士を競わせなければ仲良しクラブになってしまう」と反論する人もいるでしょう。

たしかにそうかもしれませんが、だからこそ、私たちは当初から人材採用を重視し、甘さに溺れず、自分を律せられる若者の確保に全力を傾けてきたのです。

目の不自由な方とのお遍路研修の意味

わが社では、新入社員研修の一環として、新人たちに「バリアフリーお遍路くらぶ」に参加してもらっています。

これは、目の不自由な方の介助を行いながら、四日間、四国霊場八十八か所を巡礼するツアーです。

この体験は、若い人たちに非常に多くの気づきをもたらしてくれます。

普段、私たちは意識することなく視力に頼った生活をしています。

しかし、視力で得られる情報に頼らないで暮らしている方には独特の感性があり、一緒に霊場をめぐり、手を携えて寺院を散策していると、さまざまな驚きや感動が起こり、自ずと感謝の気持ちが芽生えるようになるのです。

若い人は、このときにガラリと変わることがあります。そうでない場合も、のちのち効いてくることは多く、お遍路研修で気づいたこと、学んだことは、たぶん一生忘れないでしょう。

お遍路研修中に「目が見えなくて不自由だろう」と、あれこれ世話を焼きすぎて、「あなた、そんなに肩に力を入れてやらなくていいですよ。私はたいていのことは自分でできるので」と、かえって注意されたりすることもあるようです。

「自分でできます」と言われて、「ああ、そうか。目の見えない人がなんでも自分でやっているのに比べて、目の見える自分はたいしたことをやっていないな」ということに思い当たったりもします。

目の不自由な人が気がついたことを、自分は全然気づいていなかった、などということも数多くあります。

目が見えることによって、逆に見えなくなっていることがあることに気づかされるわけです。

お遍路研修の話をすると、多くの人は、「障がいをもった人、つまり社会的弱者といわれる人に対する思いやりが深まり、共感性が養われるはず。それが狙いではないのか」と言います。

もちろんそれもあるかもしれませんが、むしろ若い人にとっては、「目の不自由な人は、自分にないものをたくさんもっているのだ」ということを教わるほうが大きいのだと私はとらえています。

実は、こちらが教えてあげられることなど、ないに等しいのです。だいたい、お遍路参りをする目の不自由な方々は、ほとんど五十歳代、六十歳代という人生の大先輩で、自分のほうがかなりの年下で経験も少ないのですから。

目の見えない方とのお遍路は、単なるボランティアではありません。

そういう方々と一緒に行動すると、「もし自分が目が見えなくて生まれてきたら、どんな人生だったのだろう」ということも考えるでしょう。

それが人生への興味につながります。

人生への興味を感じ、人生について深く考えれば、若い人の人間力が高まります。

私は、成長するということは、人間力が高まることだと考えています。

いくら勉強してテストでいい点をとっても、それを成長とは思いません。知識が増えただけだからです。コンピューターの中の知識が無尽蔵になったとき、「このコンピューターはすごく成長しているね」とは言わないのと同じです。

だから私は、このお遍路研修を通じて、新人に人間力を高めるきっかけをつかんでもらい、大きく成長していってほしいと考えているのです。

特攻隊員の遺書に学ぶこと

「お遍路くらぶ」とは別に、わが社では、研修として若い社員を鹿児島県の知覧特攻平和記念館へも連れていきます。

そこでは特攻していった若者たちが書いた遺書をたくさん読むことができます。たとえば、次のようなものです。

母を慕いて

母上様御元気ですか

永い間本当に有難うございました
我六歳の時より育て下されし母
継母とは言え世の此の種の母にある如き
不祥事は一度たりとてなく
慈しみ育て下されし母
有難い母　尊い母
俺は幸福であった

ついに最後迄「お母さん」と呼ばざりし
幾度か思い切って呼ばんとしたが
何と意志薄弱な俺だったろう
母上お許し下さい
さぞ淋しかったでしょう
いまこそ大声で呼ばして頂きます

お母さん　お母さん　お母さんと

このような、魂がほとばしるようなたくさんの遺書を目の当たりにすると、胸が震えます。そして、人生について深く考え、「生きるとは何か?」という関心が湧いてきます。

人生の興味が湧けば湧くほど、感謝の気持ちがあふれてきます。今まで自分を育ててくれた人、助けてくれた人、仲よくしてくれた人たち——。

感謝の気持ちをもつ、ということも人間力なのです。それが森羅万象、自然に対する感謝につながります。

「人はいつか死ぬときがくるのだから、人生を大事にしなければいけない」

これは、誰もがわかっていることです。

でも、なかなかそれを実行できません。

「たくさん稼ぎたい」「儲けたい」など、直接売上げに関係があること、利益が出ることばかり考えて毎日を送るなかで、大切なことを忘れてしまっているのです。
ですから、もっと大事なことがあることに、私たちは気づかなければなりません。
そこに気づかなければ、やりがいも生きがいも生まれてきにくいでしょう。

人はいつか必ず死ぬ。だからこそ、自分の人生を一生懸命に生きなければならない。
この大切なことを社員たちに気づいてもらい、やりがいや生きがいを感じてほしい。
そんな環境をつくることが、経営者のいちばん大事な仕事だと私は考えています。
お遍路研修や知覧特攻平和祈念館の参観はそのための大切な場なのです。

指示・命令はいっさいしない

わが社では、座学スタイルの集合教育は入社時以外、ほとんどやりません。その種の研修を行っても、人材が育っていくわけではないと思うからです。

やはり、何気ないように見える日常業務のなかで、社員自身が「問題を発見し、解決する」というプロセスを、自ら学びとっていくことが最も重要です。

わが社の場合、人材を育成する方法として重視しているのは、社員への権限委譲と、プロジェクトチームの運営です。

一般の会社には、「決裁業務」があります。なんらかの意思決定を行うとき、上司に決裁を仰ぎ、印鑑を押してもらうわけですが、わが社にはそういう手続きはいっさいありません。

権限委譲された個々のスタッフが自分自身で考え、行動を選択していく。「指示―命令」のトップダウン型マネジメントとは、対極的なスタイルです。

このスタイルを機能させるために、私は意識して「上司は部下に教えない」「上意下達はしない」という文化をつくってきました。

上司ではなく先輩レベルの人間なら、「そうじゃない、こうだろう」といったアドバイスや指導をしてもかまいません。しかし、立場が上司になったら、部下の行動を何も言わずに見守らなければなりません。これは、わが社が強い意志をもって守ってきた一つの約束事でもあります。

「ショールームのレイアウト変更ですが、この二案のどちらにしましょうか?」

もし、部下が私に聞いてきたとしたら、次のように答えます。

「ショールームの担当はきみたちのチームだから、きみたちで決めていいんですよ」

社員からするとかなり重要な問題でも、自分たちで考えたとおりに実行することになります。当然、失敗も多くなりますが、それがよい学習の機会になるのです。

部下に上意下達をしない代わり、私や幹部社員は部下に対して、よく疑問を投げかけています。

「これ以上の方法はないのかな？」

「なぜ、この方法を採用したのかな？」

上司が命令を出したほうが結果は早く出るかもしれませんが、それでは「考える―発言する―行動する―反省する」という、部下の成長機会を奪ってしまいます。

逆に上司の仕事をどんどん部下におろしていくと、部下の意識レベルが上がり、成長のスピードも加速していきます。

「そんなやり方をして怖くないのですか？」とよく聞かれます。

たしかに、権限委譲にはリスキーな面もありますが、少しずつやればできるようになります。権限委譲なしに人のやりがいは育めません。ここは勇気が必要なところだと思います。

今まで上司が部下にこまかい指示を出していたのなら、それをやめて「きみだったらどうする?」と質問してみることです。

もし、部下の考えていることが間違っていたとしても、大きな問題に発展しない限り、なるべく部下の判断に任せるようにする。

すると、部下はこんなふうに考えるようになるはずです。

「自分の考えは本当に正しいのだろうか? 本当は社長は、もっといいアイデアをもっているんじゃないだろうか?」

つまり、より慎重になるのです。

慎重に考え、最終的に自分の思うようにやった場合も、「これで本当に正しかったのだろうか?」と深く考えるようになります。そして失敗したら、「なぜ自分のやり方ではダメだったのだろう」とさらに深く、しかも必死で考えます。

これら一連のことが、すべて本人の成長につながるのです。

教えない教育は、上司が忍耐を要するだけでなく、まだ慣れない新人社員にとっても苦しいものだと思います。わからないことをその場で教えてもらったほうが、ずっと楽でしょう。しかし半年もたたないうちに、「教えられないからこそ主体性が育まれ、命令されてやるよりも、はるかにやりがいが大きい」ということに気づいてくれます。

私も、以前はこまかいことまで気になる性分でした。しかし今では、そんなことを気にしても仕方がないということが、だんだんわかってきました。

上司である私たちは、常に選択を迫られています。それは、すぐさま命令して目の前のことに対処するのか、それとも社員の成長のために言うのを我慢するかです。わが社はほとんどの場合、後者を選びます。

こまかいやり方や結果を気にするより、もっと大切なことがある――。

それは人の成長です。

この点を理解できれば、部下への権限委譲を恐れることもなくなるでしょう。

チームワークは、プロジェクトで活性化する

わが社には、部門の壁を超えたプロジェクトチームがあります。「CS推進プロジェクト」「C2（Customer Contact）プロジェクト」など、いくつものプロジェクトが運営されており、社員は参画するプロジェクトを自分で選ぶことができます。社員の自主性を育むため、課長以上の役職者は参加しません。

参画スタイルとして多いのは、一人が二、三のプロジェクトを受けもつケースです。チームの正式なメンバーにならなくてもミーティングへの参加と発言は可能で、その内容もメンバーと同等に扱われるのも特徴の一つです。

プロジェクトチームで議論するテーマは、主に日常的な仕事のなかで問題になっていることの改善です。

たとえば、「顧客管理カードがきちんと作成されていないが、定着させるにはどうしたらいいか？」などで、みんなが納得のいくまで時間をかけて議論し、全員一致で物事にあたるのが原則です。上司がスピーディーに結論を出したり、多数決で判断したりすることはありません。

「まどろっこしくないか？」

「時間がもったいないだろう？」

そんな疑問をよく投げかけられます。

実際、まどろっこしくて時間もかかるのですが、このやり方には、そうしたデメリットをはるかに上回る効果があるのです。

最も大きなメリットは、「コミットメント効果」で、能動的な公約が生まれるということです。

プロジェクトチームでは、立場やキャリアに関係なく、参加者みんなが意見を述べ、全員が納得したうえで意思決定をしていきます。このプロセスを通じて、社員それぞれに「会社の意思決定に自分も参画した」という意識が生まれ、決めた約束を果たそうとする意欲が高まっていくのです。

しかもプロジェクトチームの活動は、社員の成長にも大きな役割を果たします。

一見遠回りに見えても結論を急がず、自力でいろいろな課題を見つけ出し、とことん話し合う。自分の意見を述べると同時に、ほかの人の話を聞いて物事を多角的にとらえ、最適と思われる方法を見出し実行していく。

このような経験を積み重ねることで、自主性や責任感、実行力、リーダーシップといった能力が総合的に養われていくのです。

また、営業、管理、サービスと、部門の壁を超えて各プロジェクトに参加するため、自分の持ち場以外の人たちとの人間関係が生まれ、自ずと他部門の仕事の内容や大変さを理解するようになります。

こうした人間関係ができあがると、お互いの苦労を少なくしようという意識がはたらき、全社的なチームワークがつくられていくのです。

「任せきるプロジェクトチーム制」は、任せる側が慣れないうちはじれったいかもしれませんが、想像以上のプラスを組織にもたらしてくれます。

社員全員を経営者に変えるプロジェクト

わが社のプロジェクトチームの一つに、ＩＣＤ（Intellectual Capital Development）プロジェクトがあります。直訳すれば、知的資産開発といったところでしょうか。これは実質上の「経営会議」に当たります。

ＩＣＤプロジェクトの会合は毎月一回行われ、ほかのプロジェクトと同じように、キャリアや所属、地位にかかわらず、希望する人は誰でも自由に参加できます。会社経営に参加できる場であり、会社にとってよいと思うことなら、なんでも自分たちで決めてよいとしています。

ここで決定された事項は社内に告知され、社員たちの手によって実行に移されていきます。

もちろん、私への報告など必要ありません。報告を義務化したら、権限委譲になりませんし、せっかくの自主性を取り上げることになってしまうからです。

経営会議というと、普通の会社では部長以上、あるいは役員が集まって会議を行いますが、わが社では一般の社員が集まって話し合うのです。

ＩＣＤプロジェクトでは、「スタッフご意見板」に投稿された社員の意見や、お客様から寄せられた声を出発点に議論します。

「スタッフご意見板」とは何かというと、社内数か所に回収ボックスを設け、社員が意見や提案、仕事で気がついたことなどを投稿できるようにし、それらをスタッフ通用口に設置した掲示板に貼り出して情報を共有するというものです。

社員やお客様の声から経営会議が始まる会社は滅多にないかもしれません。ですが、わが社は「社員満足のために顧客満足を追求する」会社ですから、こうなるのが当然と言えば当然なのです。

「経営会議の主導権を社員に与えて、自分たちに都合のいいように物事を決められたらどうするのか？」と疑問をもつ人もいるでしょう。

しかしわが社では、社員たちが集まって重要なテーマを議論するなかで、明らかにおかしな主張をする人がいたら、「『レベルの低い社員がいる』という問題が顕在化した」ととらえます。

その社員は単に視野が狭いのか、勉強不足なのか、自己中心的なのか——。どこかに問題があるはずで、それを解決することを考えます。

つまり経営会議は、問題発見の場でもあるのです。

ただ実際には、ＩＣＤプロジェクトには経営者意識の強い社員が参加してくるので、そうした問題はほとんど発生していません。

ＩＣＤプロジェクトは、いわば社員全員を経営者にする試みといえます。

社員全員が経営者だったら、当事者意識をもった人ばかりが切磋琢磨し合うのですから、その会社は間違いなく素晴らしくなるでしょう。

どの経営者も、このことはわかっています。であれば、社員が会社経営に参画できる場を用意するのは、当然のことなのだと思います。

ＩＣＤプロジェクトを眺めていると、将来の経営者や経営幹部が勝手に育っていくのを感じます。

それは誰のせいなのか？

業績不振の原因を、幹部社員や部下のせいにしている経営者がたくさんいます。

けれども、利益が出ないのは、本当に幹部社員や部下のせいなのでしょうか。

以前、ある知人の経営者が、「うちの会社は、若手はなかなかいいのがたくさんいるんですが、幹部社員に問題のある人間が多いんですよね」と言っているのを聞いたことがあります。

私は一瞬、彼の言っていることの意味がつかめず、少し考えてから、「あなたは何年社長をおやりになっているんですか？」と聞いてみました。

「もう二〇年以上になりますね」とのことです。

そうであれば、問題は幹部社員ではなく、社長にあるのではないでしょうか。

二〇年もやっているということは、現在の「問題のある」幹部社員を抜擢し、育てたのはその社長自身ということになるからです。

ですから、社長が幹部社員にダメ出しをして、なおかつ「若手にはいいのが多い」というのは、筋が通りません。

その社長は、ダメな幹部社員を登用した張本人が自分であることを、まるでわかっていないということになるでしょう。


これに似た話がもう一つあります。

「新卒で採用したら全然ダメ。採用は中途採用に限りますね」という社長がいました。

わが社とは正反対の考えです。

親しい社長でしたので、私は思ったことを正直に述べました。

「今のお話からすると、あなたの会社は新卒でいい人材を採る力がないか、新卒で採用した人を成長させられないか、どちらかの理由があって、他社が育てた人が途中で入ってくるほうがいい、という話ですね。でも、その中途採用の素晴らしい人材が、もし新卒時にあなたの会社に入社していたら、その人はどうなっていたでしょうね」

その社長には私の言っている意味がわからなかったようで、「？」というキョトンとした顔をしていました。

「人のせいにしない」ということは、たいへんむずかしいことなのかもしれません。

多くの人が、なんでもかんでも人のせいにして、問題を自分のこととして受け止めようとしません。

なぜなら、人のせいにするほうが楽だからです。自らの言動に疑問を投げかけ、自分のせいにして解決を図っていくのはつらい作業でもあります。

しかし、すべて人のせいにしていると、自分が変わっていくことができません。

ということは、成長も進歩も、なくなってしまうのです。

全社員が船長として物事を考える会社

「部分最適」と「全体最適」という言葉があります。

「部分最適」とは、ある部門やプロジェクトなど、「部分」の最適化をはかることです。もうひとつの「全体最適」とは、各部分の最適化をはかろうとすると全体の最適化が損なわれることがあるので、まず全体の最適化を優先し、そこから部分の運営その他を決めていこうとする考え方です。

社員のみんなに経営者感覚をもってもらうためには、「部分最適」ではなく「全体最適」を重んじる組織に変えていくことが大事です。

なぜならば部分最適の組織は、「自分さえよければいい」「自分の部署の成績さえ上がればいい」といった考えが強く、個人のエゴやセクショナリズムに支配された組織に近いからです。

一方、全体最適の組織は、「どうすれば会社全体がよくなるか?」という問題解決について、経営者だけでなく、すべての社員が考え、そのためにチームワークを発揮する組織です。よって、全体最適を優先した組織のほうが強い組織なのだと、私は思います。


以前、講演で話し終えた後に、ある製造業の経営者から、「最近、景気が悪く、業績も今ひとつで、社員が暗くなって困っています。どうしたらいいでしょうか?」と質問されたことがあります。

私は逆に、こう尋ねました。

「あなたの船が順風満帆で航海しているときは、乗組員がみんな明るくて元気だった。

しかし、嵐が起きて、船が沈没するかもしれないとなったらみんな元気がなくなったということですね。それはいったいどうしてでしょう?」

質問者からの答えは、そのときはありませんでした。

しかし、その経営者はずっと考えていたのでしょう。講演後の懇親会で私のところにやって来て、「横田さん、先ほどのお話、よくわかりました」と言ってくれました。あのたとえでわかってくれたのです。

後に、この話を別の経営者にしたところ、「それはいったいどういうことなんですか?」と、理解できない様子だったので、謎解きをしてあげました。

「それは、まずは船長が暗くなっているのではないですか、ということです。追い風で順調に走っているときは、船長のご機嫌がいいので、みんなニコニコして元気があった。ところが不景気になったら社長がまっさきに暗くなったため、社員もみんな暗くなって元気がなくなってしまった。

要するに、その会社の社員は乗組員ではなく、乗客のつもりだったんでしょう。乗組員だったら、難関を切り抜けようとして力を出しますが、お客さんだったら暗くなって、誰かが何かをやってくれるのを待っているだけです。会社の社員がお客さんのつもりでは、それは元気もなくなりますよ」

すると次の日、その社長さんからメールが届きました。

「昨日、横田さんからうかがったお話を、朝礼で全社員の前で話しました。『社員は乗組員でなければならない、乗客であってはならない』と言って檄を飛ばしました」

その人は自慢げでしたが、実はこれもまた、おかしな話なのです。

社員を乗組員ではなく乗客にした責任は誰にあるかといえば、社長です。それなのに「社員は乗客であってはならない」と当人が言ったらこれはまずいでしょう。

ところがその矛盾に、社長は気がついていないのです。

つまり、社長までもが乗客だったのかもしれません。

これではその船は、沈没してしまいかねません。

わが社では、どの部署の人間も参加できるプロジェクトチームが会社の運営をしていますから、そもそも乗客でいるひまはありません。

さらに、プロジェクトチームに参加して、会社におけるさまざまな活動を決定するための議論をしていくことで、全体最適の考え方が自然に身についてきます。

そのうちに、やっていることも経営者と変わらなくなっていきます。みんながリーダーシップを発揮する船長になっていくのです。

社員のやりがいがすべて

企業はなんのために存在するのかというと、第一に、社員とその家族の幸せのため、次がお客様、ビジネスパートナーの幸せのためです。

そういう人たちを大事にしたいと思ったら、赤字では何もできませんから、業績を上げていかなければなりません。

だから会社は、利益を生み出し続けていかなければならないのです。

しかしこの真意を本当に理解し実践するのは、たいへんむずかしいのです。

私が「社員とその家族の幸せが第一」と言うと、「なるほど。では、社員を大事にするためには、何からやったらいいでしょう?」と質問してくる経営者がたくさんいます。そしてそのほとんどの人が、勘違いしています。

たいていの人は、「社員をいちばん大切にして、次にお客様、そして業績を三番目に大切にするという考え方でやれば、業績が上がる」と考えているのです。

ということは、結局その人がいちばん大事なのは業績なのです。

つまり「社員を大切にする」ということが方便になってしまい、「業績を上げたいから、社員をいちばん大事にしよう」と思っているのです。

「業績を上げる手段として、社員を大切にする」と考えるのであれば、その人は、元の「業績第一」の考えから、まったく抜け出せていないということになります。

ところがこれに気がつかない。話をしていると、それがよくわかります。

よい会社をつくりたいのであれば、本気で「社員を大事にしよう」と思わなければなりません。

「社員とその家族を幸せにする」ことが目的で、業績がそのための目標にならなければなりません。その逆ではないのです。

ところが多くの経営者は、日頃の言動においてこの順番をすぐにひっくり返してしまいます。

社員の大切さは、たいていの経営者が知っています。だから、「みんなの生活をよくしたい、みんなに幸せになってもらいたい」と思って、そう考えたとたん、あっと言う間に目標であるはずの売上げが目的になってしまうのです。「そのためには今月の売上げを上げなきゃいけない」と考えます。「みんなが幸せになるためには、もっと売上げを上げなければならない。だから頑張って、多少無理してでも売上げを上げろ」ということになるのです。

私は、「儲かれば給料を上げられる。給料を上げれば社員が幸せになる」とは思っていません。

給料が多いことと幸せであることは、関係がない、と思っています。

たとえば、先進国と比較してあまり豊かではなく不便で、明治時代の日本のような生活をしているブータンの国民の約九〇%が「幸せです」と言っています。これは、幸せとお金は関係がないということの証明ではないでしょうか。

お金は人を不幸にすることはあっても、幸せにはしません。

子どもをダメにするいちばんの方法は、ほしい物をぜんぶ買い与えることです。お金をいくらでも渡すことです。

人は便利に暮らしたいものですが、それは幸せではないどころか、かえって不幸せになる場合があるのです。

働く人の幸せはやりがい以外にありません。そしてやりがいが高まるのは、自分が、自分のもっている人間力をフルに発揮したときです。

ですから、社員が自分の人間力をぜんぶ発揮して、深いやりがいを感じるようなしくみをつくり、その結果、売上げや業績がよくなっていく、というのが本来の順序ではないかと私は思います。プロセスであるやりがいを無視して結果である業績を重視することは、社員の幸せから最も遠いのだということを肝に銘ずる必要があるでしょう。

全社員がやりがいを実感し、生きる力をみなぎらせていれば、会社もまた、生きる力がみなぎっている存在になることができるのです。

第3章

「サービス」の考え方

サービスを高めれば関係が深まる

私は創業当時から、店の数ではなく店の質で勝負するという考え方を基本にしてきました。

これは、高知市内にあるわが社の立地的にも、理にかなっていました。

高知県は、総人口約八〇万人のうち、高知市から車で三〇分以内の地域に人口の六〇%が住んでいます。つまり、高知市から車でひとっ走りの商圏に、五〇万人ほどの人が居住している計算で、来店集客型の店づくりが成立しやすい環境にあったのです。

この、一つの拠点でサービスの質を向上させ、集客力を高めるという考え方は、時代にもマッチしていました。

現在は、高度経済成長が終わり、バブル経済崩壊後の不況を経て、日本経済は長い低成長時代に入っています。車の買い替えサイクルも長期化し、バブル時代は車検のたびに車を買い換えていたような人でも、一〇年近く同じ車に乗るようになっています。

このような時代には、新車をどんどん販売して利益を上げるスタイルの経営は成り立ちません。

一〇年に一度しか車を買ってもらえないのであれば、営業マンがやみくもに家庭を訪問したところで、ほとんどタイミングが合いません。一〇〇件訪問しても、すべて門前払いになる確率が高いでしょう。

それなら、車を購入していただいたお客様に、質の高いアフターサービスを提供して満足してもらい、整備や点検などで利益を上げるビジネスモデルを築いたほうが合理的なのです。

サービス品質を高めることで、多くのお客様と良好な関係を継続していれば、次の買い替え時に、わが社から新車を購入していただける確率も高くなります。もしかすると、家族や知り合いが車を買う機会に、ご紹介いただけるかもしれません。

わが社は現在三店舗になりましたが、むやみに多店舗展開せず、長いあいだ一店舗だけで拠点営業を続けてきたのは、先のような考え方があってのことです。

もちろん、わが社のやり方にもリスクはあります。

いくつも存在する自動車ディーラーのなかから、わが社の店を選んでもらわなければならないのですから、少しでも不満があると、もう来てくれません。ですから、質の高い社員が、質の高いサービスを提供し続ける必要があるのです。

では、どうすればできるのか？　この課題は、「会社がアメとムチを与え、個々の社員に頑張ってもらえば実現できる」というほど、単純ではありません。

やはり組織的に、みんなでサービスを向上し続け、お客様との関係を深めていくための取り組みを行うことが大切なのだと思います。

お客様は最良のパートナー

業界を問わず、私たちは、お客様にさまざまなサービスを提供しています。

そして、提供したサービスに対し、お客様から感想やご意見、ご要望を受け、さらなるサービス向上につなげることが重要なのは、言うまでもありません。

そこで、多くの会社で「お客様アンケート」をとっているのです。

ただ、たまに思いついたようにお客様アンケートを実施しても、有益な回答は寄せられないものです。

自分が回答する側になって考えればすぐわかりますが、そうしたアンケートに時間をかけ、真剣に回答してくれるお客様は少ないのです。

たいていは、真面目に回答しても、どうせすぐに改善されることなどないのだろう、と考えて、さし障りのない答えしか書いてくれません。

本当に有益な声を集めるには、自社に対する、お客様の信頼感や期待感が必要なのだと思います。


この信頼感や期待感は、「自分たちの要望が無視されることはない。サービスに必ずフィードバックされるはずだ」とお客様が感じることからつくられます。

自分たちの声が、その会社のサービスを変えていくという、実感が必要なのです。

ですから、わが社がすべてのお客様にお願いしている「お得意様アンケート」の冒頭では、経営トップが最善のサービスを約束することを宣言し、そのうえでお客様との連絡方法やご家族の状況といった個人情報を提供してもらうようにしています。

また、「お客様の声をぜひ聞きたい」という思いを常日頃から伝え、「お客様はわが社のパートナーである」という姿勢を、自然に形成しておくことも重要です。

このようにわが社では「お得意様アンケート」や各種イベントなど、あらゆる機会をとらえ、「お客様からのご要望やご提案をいただきたい」とアナウンスし、お客様のアドバイザー化につなげています。

要するに、お客様を、単なるお客様ではなく、最良のパートナーとして位置づけているのです。

お客様の声をいただき、その声を生かして、お客様と一緒にサービスの質を高め、一緒に高い満足を共有していく。

相互にメリットがもたらされる関係をつくることが、今の企業には求められているのだと思います。

トラブルこそ、スタッフが成長するためのチャンス

お客様に対する意識調査は、わが社独自のもののほかに、メーカーであるトヨタ自動車によるアンケートがあり、随時行われています。

後者は全トヨタ販売会社の購入直後および購入後三年たったお客様を抽出して、実施するものです。

この調査で、わが社は、一項目を除くすべての項目で上位の得点を上げており、調査が始まって以来、一二年間連続して顧客満足度トップになっています。低い評価を受けている一項目とは、「店長やマネージャーが挨拶をしたか」という項目です。

なぜ、この項目の評価が低いのか？

それは、わが社がスタッフへの権限委譲を重視して、マネージャーが営業の前面に出ていないからです。

いわば、会社方針の結果なので、まったく問題視していません。

実際、管理職はあまりお客様とは話をせず、お客様とコミュニケーションを取るのは、営業スタッフやショールームアテンダントが中心です。


トラブルや苦情が発生した場合でも、この方針は変わりません。

一般的には、何か問題が発生すると、店長やマネージャークラスの人間が出ていって謝罪するのがふつうだと思いますし、お客様は、責任者に謝罪されると一応納得するという側面もあるので、それはそれでよいとは思います。

しかし私は、トラブル対応はスタッフが成長する絶好のチャンスだととらえているので、せっかくの機会を上司が邪魔してはいけないと思うのです。

それに、第一線のスタッフが問題対応にあたるプロセスを経験したほうが、再発防止に有効ですし、同時にお客様と強固な信頼関係を築くことにもつながっていきます。

一方、マネージャーは、陰でバックアップする役割を担うほか、スタッフからの活動報告で苦情が発生した経緯をヒアリングします。また、内容に応じて、該当する部門にとどまらず、全社的に情報共有を行います。そして、プロジェクトチームで再発防止を立案していくよう、見守っていきます。


ところで、トラブルや苦情といっても、さまざまなレベルのものがありますが、わが社ではとりわけ、お客様の「ささやかなご不満」に注目するようにしています。見過ごされてしまいそうなちょっとした不満は、海上に出た氷山の一角のようなもので、水面下には大きな問題の氷塊が存在するかもしれないからです。

わが社では、お客様やビジネスパートナーと話している際に何気なく出てくる「ささやかなご不満」やご要望をスタッフが拾い上げて収集し、「スタッフご意見板」に投稿することで、全体に共有されます。

こうすることで、たとえばエンジニアへのちょっとしたご不満を営業スタッフが、あるいは営業スタッフへのご不満をショールームスタッフが拾い上げるといった、お互いのフォローが可能になるわけです。

このように収集された「ささやかなご不満」は、実際に発生したトラブルと同じように、プロジェクトチームで議論し、解決策を考えて実行していくことになります。

問題解決が、感動サービスにつながる

サービスには、「満足を提供するサービス」と、「感動を提供するサービス」があります。

もちろん、「感動を提供するサービス」のほうが、数段上です。

なぜなら、満足は何かと比較をしたときに得られる相対的なもので、かつすぐに忘れてしまわれるものだからです。

たとえば、商品におまけをつけたとしましょう。

初めておまけをもらったお客様は、おまけがない場合よりは満足してくれます。しかし、何度も買い物を繰り返すうちにそれが当たり前となり、おまけをやめると不快に思われてしまいます。値引きなども同じで、満足には「慣れ」が伴うのです。

一方、感動はたった一度の体験でもお客様に深く記憶され、いつまでも好印象が残ります。

満足と感動の違いは、「予測可能なことかどうか」につきます。

お客様は、この商品を買えば「こういうサービスが受けられるのではないか」、または「これくらいは値引きしてくれるだろう」と予測します。そして、予測したとおりのサービスを受けられると、満足します。

そのとき、お客様の予測を超えたサービスを提供するとどうなるのか？

お客様は、「こんなことまでしてくれるのか⁉」と、感動してくださる……と私は考えていました。しかしこれは、感動ではなく大満足なのだということがわかってきました。

それでは、感動というのはどのような心の変化なのでしょうか。

ネッツトヨタ南国が少し注目され始めたときの話です。

一～二名で高知県外から会社見学においでいただいた方から「あなたの会社はよそと全然違いますね」とお誉めの言葉をいただけるのです。なかには来社されてまだ一〇分ぐらいしかたっていないのに、そのような感想を述べられます。明らかに「満足」ではない「感動」をされている、と気づきました。

そんなとき私はお客様がどのような違いに気づき、感動されているのかできるだけ詳細にインタビューしました。すると、そこでは何も特別なことは起こっていないのです。強いて言えば、よそよりほんの少し「迅速」「丁寧」「きめ細い」「親身になって」対応しているということです。

そして私が納得させられたのは次の二つの言葉です。

「笑顔がいいですね」

「みなさんやらされてないですね」

そうか、内側から沸き上がってくるサービス精神でやりがいをもって働く人々がお客様を感動させるのだと、このとき気づかされました。

顧客満足度ナンバーワンの接客

サービスの質的向上に限りはなく、わが社もまだまだの部分がありますが、ここで参考までに、お客様に対してどのようなサービスを行っているのかをご紹介しましょう。

ほとんどのお客様が驚かれるのは、店に行くと、何も言っていないのに名前を呼ばれることのようです。多くのお客様が、このサービスに「感動した」と言ってくださいます。

むろん、これにはわが社独自のしくみがあります。

まず、お客様の車がショールームの敷地に入ってくると、入り口近くに待機している社員がすぐにパソコンのお客様データベースで、ナンバープレートの数字を検索します。

そして直ちに、お客様がどなたで、どのような用事で来店されているのかを、インカムで社内のスタッフたちに伝えます。

それと同時に、人員の許す限り二名のスタッフが、お客様のお出迎えに飛び出していきます。

「ようこそ○○様、本日はオイル交換でご来店ですね。ありがとうございます。担当の○○も間もなくまいります」

お客様の情報は、出迎えに行ったスタッフの耳にもインカムを通じて伝わっていますから、お名前で呼ぶことができるのです。

できるだけ二名で、というのは、一人がお客様を店内にご案内し、もう一人が車を駐車場に移動させるためです。

お客様が着席されると、ショールームアテンダントが飲み物の注文をうかがいます。

「○○様、いらっしゃいませ。お飲物のご注文をおうかがいしますが、前回と同じアイスコーヒーでよろしいでしょうか？　それとも本日はほかのものになさいますか？」

データベースを見ると、そのお客様が過去に注文したドリンクがわかるため、このような対応が可能になります。

お客様が飲み物に口をつけるころ、担当者が笑顔でやってきます。

「○○様、こんにちは。お待ちしておりました。さっそく作業にかからせていただきます」

作業内容によっては時間がかかることもありますから、そのときはショールームアテンダントが再び声をかけます。

「○○様、お待たせして申し訳ございません。もう少しお時間がかかるようですので、あちらのソファーのほうが楽かもしれません。何か新聞か雑誌をお読みになりますか？」

ショールームアテンダントの女性たちは、お客様が退屈していないか、何か困っていないかなど、店内のお客様すべてに目を配っています。

小さなお子様連れのお客様はキッズコーナーにご案内し、アニメのビデオを見せたり、玩具で遊ばせたりします。本店のキッズコーナーは、原色のクッションで囲んでおり、飛んだり跳ねたりしても怪我をしないようになっています。

あさくら太陽店のキッズコーナーは、角のない大きな透明プラスチックの箱のなかに設けました。安全性だけではなく、子どもたちのはしゃぐ声がほかのお客様のご迷惑にならないように工夫しました。

また、その子が前回見たビデオもデータベース化されているため、どのスタッフが対応しても「この前の続き」を見ることができます。

やがて作業が終わると、サービスの担当者はお客様に、車を見て気づいた点とその日の作業内容を報告します。その間、作業が終わったお客様の車は、社員の手で洗車にまわっています。

お帰りになる際は、もちろんお見送りです。

外の道路に出て、お客様がバックミラーを最後に見るかもしれないタイミングで頭を下げます。

ショールームアテンダントは、カウンターの中にあるお客様のリストに、お帰りの時間を記入し、お客様が座られたテーブルの上を片づけます。

これで、お客様お一人のご来店に対する仕事は完了です。

こうした心のこもった一連のプロセスを必ず実行できているからこそ、わが社の接客は、顧客満足度ナンバーワンとされているのではないかと思います。

常に「もっとできたのでは？」と考える

前の項で、わが社の接客の流れを具体的に説明しましたが、やはり最初のポイントは、来店したお客様を名前で呼ぶことだと思います。

久しぶりに行った店の人たちから自分の名前を呼ばれて、気分を悪くするお客様はまずいません。しかも、スタッフに走って出迎えられ、名前で声をかけられ、姿が見えなくなるまで見送られると、

「自分は覚えてもらっている」

「大切に扱われている」

と、間違いなく気持ちよく感じていただけます。

しかし、ここで勘違いしてはいけないことがあるのです。

そうした接客が形だけのものだと、かえって嫌味な印象をお客様に与えてしまう、ということです。

「こう接客すれば、お客様は『自分は大切に扱われているな』と思うだろう」という計算が先に立つと、接客はどうしても打算的なうわべだけのものになってしまいます。

つまり、どんなにプロセスが完璧でも、「お客様を心から大切に思う」気持ちから生まれる行動でなければ、お客様は心地よく感じないし、感動もないのです。

誰でも経験があるかと思いますが、こちらが好感をもっていれば相手も好感をもつものですし、反感をもてば反感を抱きます。

そのあたりの反応は、人間がまだ失っていない「動物感覚」とでもいえるものなのでしょう。

ところで、「きちんとした接客を実施するためには、マニュアルが必要だ」と考える人も少なくありません。

しかし、果たしてそうでしょうか。

マニュアルというルールに落とし込まれたとたん、それは本当のサービスではなくなってしまわないでしょうか。

かつて、店員たちのすべてが同じ言葉と笑顔で接客するファーストフード店のマニュアルが話題になったことがありますが、決まったパターンの笑顔や言葉遣いに、だんだんと不自然さを感じるようになった人もいたようです。

それらのファーストフード店で働くアルバイトの人が、感情のスイッチをオフにしたロボットのように見えたために違和感をもってしまったのでしょう。そう思うのは仕方のないことだと思います。

私たちの会社には、マニュアルはありません。

形ではなく、心からのサービスを提供するために、「出迎えは誰がする」「見送りは誰がする」などといったルールや役割は、まるでつくっていないのです。その場にいる社員たちが目で合図し合い、自発的に走り出しているのです。

接客の役割分担が決まっていないと、いいことがいろいろとあります。たとえば多くの会社では、自分がかかわっているお客様は大切にしても、それ以外のよく知らないお客様には通り一遍の対応しかしないというケースが見られます。自分の責任の範囲から出ることに対して、臆病だったり面倒になってしまうようです。

一方、わが社では、

「自分の担当ではないお客様には、一二〇%で対応する」

ということを心がけています。

よく知らないお客様だからこそ、さらに気を配るのです。

責任範囲のない環境で働いていると、「自分で仕事を見つける」という姿勢が自然に身についてきます。

サービス担当の社員でも、コップなどの洗い物を率先して片づけますし、経理担当の社員がお客様の車を洗車することなども、日常的な光景です。

恰好よく言わせていただければ、わが社のサービスはマニュアルではなく「組織風土」によって運営されているのです。

ショールームアテンダントの女性たちは、「どうすればお客様にもっと満足していただけるか」を毎日考え、接客の改善に取り組んでいますし、現場で全力を尽くしたあとで、必ずミーティングを開いて問題点を話し合い、担当者が日誌を書いて記録しています。毎日の反省は明日の糧になるのです。

ショールームアテンダントのミーティングの毎日のテーマは、「もっとできたんじゃないか？」です。

この話し合いのなかから、新たなサービスが生まれてくることもあります。

お客様へのモーニングサービスは、今ではわが社の名物になっていますが、このアイデアも、ここから生まれました。

トップが「こうしなさい」と指示して始めたサービスではなく、自分たちで考え出したからこそ、心を込めてやれるのです。

「サービス」には業種も職種もない

すべての働く人は、仕事の内容に関係なく、サービスに心を尽くすべきではないでしょうか。研究開発の人も、技術者も、役人も、全員が、です。

わが社でも、接客にあたるのは、営業担当者やショールームアテンダントだけではありません。

私たちは、サービス部門を「修理と点検のための部門」ではなく、「技術でお客様に安全と安心を提供する部門」と位置づけています。ですからエンジニアもプロのサービススタッフとして接客しているのです。

お客様の来店に気がつけば、エンジニアも外に出て行ってショールームにご案内しますし、作業が終わったらお客様のテーブルに行き、名刺をお渡しして、わかりやすく説明します。

せっかく作業を終えた車を黙って引き渡すよりは、「きれいにお乗りですね」などとエンジニアが声をかけてお渡ししたほうが、お客様もずっと気持ちがよいだろうと思うからです。

お客様にメカニックの技術を伝えるのも、大事なサービスです。

よく、「技術者は口べタだ」と言われます。しかし技術者だって、友人や家族とは話しますし、休み時間には仲間同士で楽しそうにおしゃべりしています。

そう考えれば、エンジニアもいい接客ができるはずなのです。彼らにもお客様に伝えたいことや話したいことがたくさんあるのですから。

ただ、やはり訓練が必要です。わが社でも、最初のうちは、エンジニアはお客様を目の前にすると上がってしまい、思うように対応できませんでした。

そこで毎朝、交代で三分間スピーチを実施することにしました。

合わせて、営業マンがよくやっている、交代でお客様役と社員役に分かれて行う、接客のロールプレイング研修も行いました。

なかなか時間はかかりましたが、それでも数年かけて、エンジニアも臆せず接客できるようになったのです。


私たちがエンジニアの研修で力を入れたのは、接客法だけではなく、技術的なことをお客様からうまく聞き出すことと、上手に伝えることでした。

まず「聞く力」です。

サービスマンとお客様とのお話の多くは、車の調子に関するご相談です。たとえば「走行時に変な音がする」というお客様に対しては、どんなときに、どこから、どのような音がするのかを、上手に聞き出せることが大事です。ただ「音がする」という情報だけでは、車をバラバラにでもしなければ、原因は突き止められません。

しかし「エアコンを入れると前のほうから鈍い音がする」ということであれば、原因をかなり絞り込むことができます。それが「ギュイーンという音」だとわかれば、コンプレッサーのベルトが滑っていることを最初に推定できます。

このように、エンジニアには、不調の原因の手がかりを探っていける「聞く力」が必要なのです。

次に「話す力」です。

エンジニアは、専門用語を多用する傾向があるため、悪気はなくても、お客様に「突き放された」と感じさせてしまうことがあります。また、ある側面では言葉足らずでそっけなく思わせてしまうこともあります。

たとえば、「ブレーキの利きがよくない」。

そう訴えるお客様の車を調べて、どこにも異状がなかったとき、一般的なエンジニアであれば、「どこも悪くありませんよ」と答えるでしょう。

このとき、たとえその通りだとしても、お客様の不安は消えません。

わが社のエンジニアであれば、お客様に同じ車種の違う車に乗っていただき、ブレー

キの利きを比べてもらいます。そのうえで、

「こまかくお調べしてみましたが、特に目立った不具合はないようです。乗り比べていかがでしたか？」

とお話しします。

このような対応を行えば、お客様は「自分の気のせいだったのだ」と納得し、満足して帰られるでしょう。


また、車好きのお客様は、営業担当者よりもエンジニアと技術的な話をしたがります。愛車を直接メンテナンスする人に、自分の気になっていることや要望をこまかく伝えたいのです。専門的な話をするには、やはりプロと直接コミュニケーションしたほうが伝わりやすいでしょう。

「そんな専門的なことまでよくご存知ですね！」

そうした感想を率直にお伝えすれば、お客様もうれしく思ってくださいます。

エンジニアにしても、お客様と直接やりとりし、喜ばれたり感謝されたりすれば、

やる気につながっていきます。

「エンジニアだから機械だけ相手にしていればいい」という考え方では、サービスマンのもっている可能性を封じ込めてしまいます。そうした方向性は、「人間性尊重」というわが社の理念にも反しているのです。

今日の一台より、将来の一〇〇台

わが社では、設立当時から来店集客型の営業を志向し、飛込み営業も早い時期にやめてしまいました。

そうなると、お客様にどれだけショールームに足を運んでもらうか、いかにしてお客様に、店やスタッフになじんでもらうかが肝心になってきます。

その一環として、これまで多くのイベントを開催してきました。たとえば、お客様と一緒に山や海へ遊びに行く「ファミリーカーオリエンテーリング」、華やかなパフォーマンスで楽しんでいただく「新型車発表会」などがそれです。

わが社のこれらのイベントは、企画運営の特別な部署を設けて行っているわけではありません。すべて社員の自発的な参画によるものです。

日頃から、ショールームで社員全員が接客にあたっているのと同じように、イベントも社員全員でつくっているわけです。全員でやるから、部署ごとの縄張り意識に陥ることは決してありません。

どのイベントにも、わが社のサービスの特徴がよく表われていると思います。わが社のイベントおよびサービスの最大の特徴は、「車の販売にはこだわらない」こと。モットーは、「今日の一台より、将来の一〇〇台を！」です。

目先の一台を売るよりも、一〇〇人の人にわが社の存在を知ってもらい、好意的な印象をもっていただくほうが、長期的に見れば有益なのです。

イベントは、わが社を知ってもらうための告知活動という位置づけです。よってイベントでは、「売らんかな」の姿勢はいっさい出しません。売りつけられる心配がなければ、お客様も気軽に「出かけてみよう」という気になってくださるはずだからです。

会社を始めたばかりのころに、この方針を強調した「夏祭り」イベントを開催したことがあります。

「今度の土、日は車を売りません！」

こんなコマーシャルを地元テレビで流し、告知したうえで、会社ののぼりを立てた目立つ車で隊列を組み、市内を走ってデモンストレーションしました。

さらにはわが社の敷地内に、金魚すくいやヨーヨー釣り、たこ焼きなどの縁日の露店を並べ、夜は花火大会を開催。ショールームには新車をいっさい置かず、代わりにトヨタ２０００ＧＴやヨーロッパの古いスポーツカーなど、車好きにはたまらない名車を展示しました。

イベントの三日間で、来場者数は一五七一人でした。

このようなわが社のイベントを見学した方から、必ずされる質問があります。

「これが車の販売とどんな関係があるのですか？」

「このイベントの開催で何台売れるのですか？」

それに対して、私はこう答えています。

「イベントをやったからたくさん売れるわけではないのです」と。

実際に、前述の「夏祭り」イベントでは、成約は一台もありませんでした。

しかし、それでいいのです。

私たちの存在を知ってもらい、お客様に楽しい時間をすごしていただき、サービスを提供する社員も充実感を得る。目先の一台を売るのではなく、こうした場をたくさんつくりだすほうが、はるかに重要です。

なぜこういう考え方でイベントを実施しているのか？　それは、わが社が重要視しているのが、「車の販売台数を伸ばすこと」ではなく、「お客様と社員の双方が満足や感動を得ること」だからです。

いろいろなイベントに来てくださったお客様が、心から喜んでくださる。

そんなお客様の喜ぶ姿を見た社員が、それを自分たちのやりがいと活力にしていく。

そんな循環をつくることが大切なのです。

最近でこそ、社員満足の重要性が認識されるようになってきましたが、現実には、セールスにつながらないことに時間とお金をたくさんかけて、社員が満足を得られるようにしている会社は少ないように思います。

「業績を上げるためには顧客満足度が重要で、顧客満足度を実現するには社員満足が重要」――これが、顧客満足、社員満足に関する一般的な考え方なのではないでしょうか。

しかし、それは逆です。

社員がやりがいをもって仕事ができ、それでお客様に満足、感動していただき、その姿を見てさらに働く意欲が出てくる、結果として業績もよくなる――そうしたしくみや循環をつくることこそ、大切なのだと思います。

自分がやりたくない仕事は、社員にやらせない

自動車ディーラー業界では常識とされている「飛込み営業」を、わが社は、まったくやっていません。

これには、次のようないきさつがあります。

私は自動車ディーラーの舵取りを始めるにあたり、業務の内容を知るために営業に回ってみました。飛込み営業です。

地図で区画割りしてあるエリアに行き、まったく知らない人の家の呼び鈴を鳴らす。中から「はーい」という声がしてドアが開く。

ところが、出てきた人は私の姿を見た途端、みるみるうちに不機嫌な表情になり、「な

んの用?」と突き放したように言うのです。

そのときの、冷や汗が流れ落ちる背中のいやな感触は、今でも忘れられません。何件訪問しても、飛込みセールスへの対応は同じでした。

できれば、こういう仕事はしたくない――そう思いました。

続いて、「自分がやりたくないような仕事を、社員にやらせてよいのだろうか……」という疑問が湧いてきました。飛込み営業に対する素朴な疑問です。

またあるとき、いつもまじめに一生懸命飛込み営業をしているのに、ちっとも効果が上がらない若いセールススタッフがいたので、いったい何が問題なのか一緒に分析してみたことがあります。

「きみが車を売れるようになるのを手伝いたいから、どうすればいいのか一緒に考えよう。まず、自分の担当地域の住宅地図で、購入していただいたお客様の家を赤、訪問継続中はピンク、すでに訪問したけれど、もう行く気も起こらない家を青で塗ってみてくれないか?」

その地図は、ほぼ青一色になりました。

一回会っただけでお客様の気持ちをつかめるような営業スタッフもなかにはいますが、その数は限られています。たいていの営業スタッフは、お客様との距離を縮めるため、何度も訪問しなければなりません。

しかし、足を運べば運ぶほどお客様の気持ちは離れていってしまう……。ふつうの営業スタッフのそんな実態が、浮き彫りになりました。

それ以来、わが社では飛込み訪問販売をいっさいせず、来店型営業をすることにしたのです。

来店型営業は、「社員を幸せにする。この会社で素晴らしい人生を送ってもらう」ために、どのような会社経営をすべきか、既成の自動車ディーラーの常識にとらわれず、一つひとつ考え、実行した結果、たどりついた営業形態です。

そしてこの営業形態は、経営の観点から見ても、きわめて理にかなったものでした。

具体的に、数字で説明しましょう。

一人で月に六台を販売する営業スタッフがいるとします。

彼の場合、営業活動に費やす時間の割合を分析すると、飛込み営業が五〇%、週末イベントや平日に交代で行う店頭待機が一三％、お買い上げいただいたお客様へのアフターフォロー訪問が一三％、残りの二四％は事務作業などの時間です。ところが成果を見ると、なんと最も時間を割いている飛込み訪問で売れたのは、たった一台でした。残り五台の内訳は、店頭待機で売れたのが二台、アフターフォロー訪問から発生した販売が二台、上司からの紹介による販売が一台だったのです。

セールススタッフがわざわざお客様に嫌われに行き、自分にとってつらい飛込み訪問に五〇％もの時間をつぎ込んでも、その成果はほんのわずかでしかない……。

これでは営業活動に合理性がないばかりか、誰もハッピーになりません。

「もう、飛込み営業はしなくていいよ」

会社を立ち上げて二年目、私は営業スタッフに言いました。

そう言ったあと、すぐに全員が飛込み営業をやらなくなったところを見ると、やはり誰にとっても、訪問販売はいやな仕事だったのでしょう。

飛込み訪問をやめてからは、店頭待機の時間をこれまでの倍の二六％、アフターフォロー訪問の時間を四倍の五〇％にしました。

その結果、六台売っていたセールススタッフは飛込み営業をやらないので一台減りますが、店頭待機とアフターフォローで一台増えるので販売台数は同じという結果になりました。

先の「青一色」のセールススタッフの例でいうと、店頭待機での販売台数はほぼ同じ、アフターフォロー訪問による販売が二台から三台に増加し、全体としての販売台数は、以前とほぼ一緒でした。

しかも営業スタッフは、やりたくない飛込み営業から解放され、アフターフォローというお客様に喜ばれる仕事に力を入れられるようになりました。

しかもお客様には「この会社はサービスがいいな！」と思っていただけます。

成果はともかくとして、これは、以前との大きな違いでした。「社員を幸せにする」という、会社設立の目的の実現という点で、意義のある取り組みだったと思います。

大切なのは、お客様との親密度を深めること

前の項で述べましたが、わが社のセールススタッフは今、アフターフォローに五〇％の時間をあてています。社内で「ＣＲ活動」と呼んでいる、既存のお客様のフォロー活動です。ＣＲとは、「Customer Retention」の略で、日本語では「顧客維持」という意味になります。

わが社でＣＲ活動として行っている内容は、具体的にいうと、一度車を買っていただいたお客様のところへ、車の点検や調子をおうかがいに行くことです。

決して、セールスのために足を運んでいるのではありません。ＣＲ活動の目的は、

わが社とお客様の親密度を深めることにあるからです。

営業用語で「ホット客」という言葉があります。すぐ購入していただける可能性が高いお客様のことですが、自動車ディーラーでは、新たなホット客を追い求めるあまり、より大切な、すでに取引のあるお客様へのフォローがおろそかになってしまう傾向があります。

それはまるで、金の卵を産むガチョウの腹を裂くような行為だと思います。

わが社のように、CR活動に取り組んだからといって、いきなり販売台数が増加するようなことはありませんが、私たちに好意をもってくださった既存のお客様は、買い替え時にかなり高い確率で、またわが社から購入してくださいます。既存のお客様が、新規のお客様を紹介してくださることも少なくありません。CR活動は、時間こそかかりますが、やがて多くの成果をもたらしてくれるのです。

ここで、わが社の営業活動のエピソードを、ご紹介しましょう。

ある営業スタッフが、今日すぐにでも購入を決断してくれそうなお客様の元に出向きましたが、購入に至らずに帰ってきたことがありました。

理由を聞いたところ、「お客様はまだ、車の色で迷っているんです」と言います。

そして、新しい車を買う直前の楽しい時間を、お客様にできるだけ長く味わってもらうために、自分はプッシュせず帰ってきたのだと説明しました。

私はたいへんうれしくなりました。

車を売ることが営業の最終目的であれば、迷っているお客様をプッシュして購入を決断してもらうのが正解です。しかし、私たちはお客様にご満足いただくことを目的にしています。

ですので、お客様により多くの楽しさや感動を味わってもらったうえでお買い上げいただきたいという、その営業スタッフの判断は一〇〇%正しいのです。

しかも、そのほうが次の購入機会に、またお買い上げいただける可能性が高くなります。彼は、わが社の方針どおりの行動をとってくれたのでした。

プロセスを評価するしくみをつくる

プロセスを大切にしなければ、よい結果は生まれません。

ところが、経営者がいくら「プロセスを重視する」と言っても、社員がプロセスをないがしろにして自分の成果を追い求める、という現象が発生しているようです。

それはなぜかというと、多くの場合、プロセスを評価するしくみができていないからです。「プロセスを重視する」と言っておきながら、ほとんど売上げなどの結果だけで評価してしまっているからです。

会社として、本当にプロセスである顧客満足を重視するのであれば、プロセスができているかどうかを数値化するしくみをつくり、それに対して評価し、称賛しなければならないと思います。

通常の褒賞金やインセンティブは、やる気を出させる動機づけとして、そのほとんどが結果に近いところで使われています。

これには、利益配分という側面もあるでしょう。日本は固定給の比率が高いため、会社に対して貢献度の高い社員に少しでも分配を多くしようというのが、褒賞金の一つの考え方です。

もちろん、結果を評価すること、結果に対して報いることは大事です。

しかし「プロセスそのものを重視する」と決めたのであれば、日頃の営業活動で、どんなことをきめこまかく考えながら、どんな行動をとったのかを数値化して、評価・褒賞するしくみをつくる必要があります。

そのためにわが社は、日々、「こんなことはできていますか?」「あんなことはできていますか？」という質問表を作成し、それをクリアしているとポイントになるようなしくみを取り入れているのです。

一台の車を販売するまで、長いときは一〇年以上かかります。

その一〇年のプロセスを、すべてきちんと評価するのです。

このしくみは、第一線の営業スタッフにとって、この上ない教育材料にもなります。

結果は、自ずとついてくるはずです。

納得性を高める社員評価のしくみ

プロセスの評価の仕方について、少し具体的に述べましょう。

創業当初はわが社も、「新車販売一台につき報奨金〇〇円」という、単一的な基準でしか営業スタッフを評価できませんでした。

しかしCR活動によって、これが大きく変わりました。CR活動で重視しているのは、販売台数ではなく、顧客との親密な関係の構築だからです。

「新車販売一台につき報奨金〇〇円」という考え方では、たまたま店頭で出会ったお客様に販売した一台と、何年間もていねいにフォローして獲得した一台が同じ評価になってしまいます。

それでは営業スタッフとしても、納得できないはずです。

そこで導入したのが、販売に至るプロセス全般を評価するシステムです。

任意保険の契約は取れたか、下取り車はあるか、店頭納車か、関係書類を迅速に提出したか、サービス入庫はあるか……など、販売にかかわるすべてのプロセスをポイント化し、その合計によって営業活動を評価するようにしたのです。

なかでも、大きな差がつくのが、そのお客様はどのルートから接点をもったのか、という項目で、単に上司の指示で担当についただけでは、ほとんどポイントになりません。

サービス部門や中古車部門のことを考えて仕事を進めているか、といったチームワークに関するポイントも設けています。

しかも、ポイントを認証するのはマネージャーではなく、実際に仕事で関係しているスタッフで、わが社ではベテランの営業スタッフが、若い女性社員に認証のハンコをもらうといった光景が見られます。

ただし、いくらプロセスで頑張っても、最終的に売れなければ、ポイントは獲得できません。

実際に車を売ることによって、ポイントを獲得する権利を得られる、と考えればわかりやすいでしょうか。

第1章で述べたように、二宮尊徳は、「道徳を忘れた経済は罪悪であり、経済を忘れた道徳は寝言である」と言いました。

道徳と経済。わが社の営業スタッフの評価方法は、この双方を追求するためのものだといえます。


このポイント評価は、販売台数で営業スタッフを評価する方法に比べればかなり複雑です。

大変だ、面倒だ、と思う人もいるかもしれません。

しかし、その手間よりはるかに重要なのは、日々のきめこまかい努力を評価に反映させ、営業スタッフの納得性を高めることです。

そして納得性を高めるためには、評価基準のつくり方がポイントになります。

わが社では、ほかのしくみと同様、ポイントの点数やルールも上意下達ではなく、営業スタッフの総意でつくり上げ、時間をかけて改善を重ねてきました。

わが社の自己申告型人事考課制度は、普段の一人ひとりの判断や行動が、会社の価値基準に基づいているかを確認しつつ、評価を本人にフィードバックするしくみとなっています。こうすることで、社員の成長を促し、同時に自身の成長が実感でき、社員満足の向上に結びつくよう、工夫されています。

つまり、単なる給与を決定するツールとは、似て非なるものなのです。

なお、マネージャーに対しては、「全スタッフによるマネジメントリーダーの評価アンケート」も行っています。

これは部下が上司を評価するためのしくみで、各マネージャーの視野の広さや先見性といった項目について、全スタッフが五段階で評価します。この評価アンケートは無記名で行います。

人は誰でも、自分が素晴らしい人間だと思いたい、そう錯覚していたい気持ちがあるものですから、本当の自分を知るためには、自分の姿を見直す「鏡」が必要です。

部下がマネージャーを評価するこのアンケートは、その「鏡」の役割を果たすものなのです。


ちなみにわが社では、一人の営業スタッフの売上げが上がらないのは、本人の責任ではなく、上司とその指導法に問題がある、と考えます。

指導法といっても、成績が上がらない人に「上がってないじゃないか」と強く言う、その類の指導ではありません。「売れないならああしろ、こうしろ」と、指示・命令を与える指導でもありません。

では何をするかといえば、とにかく聞くのです。

「どういう営業をしているの？」

「売上げが上がらないのはなぜだと思う？」

と、まず聞きます。

そして、営業活動の記録を自分で集計して見せてくれるように言います。

そこで、営業スタッフは自分の活動記録をつくり始めます。この活動記録は、過去数カ月にわたる日々の訪問件数、お客様による来店件数、電話・ハガキ・手紙の件数やその内容、サービス部門への点検や車検の入庫状況などです。

自分の活動のプロセスを追って報告書をつくると、その作成段階で、本人には反省せざるを得ないポイントがいくつか浮かび上がってきます。

それを報告してもらうと、指導する側としても、日頃どういう指導をしなければいけなかったのか、どこに注目しなければいけなかったのかがわかります。

報告書をつくることによって、営業スタッフ自身、自分の問題点が明確にわかると同時に、上司も、本人への指導の仕方をどう変えればいいかがわかるのです。

「問題解決」だけをしている会社になりたい

不況下でも業績を上げているということで、ここ数年、新聞や雑誌、テレビの取材を受けることが多くなりました。

その際に必ずといっていいほど聞かれる質問が、「将来はどんな会社にしたいですか?」というものです。

私の答えは、「問題を発見し解決だけをしていればよく、問題対処をいっさいしなくていい会社にしたい」というものです。

解決すべき問題は、常に川上にあります。その問題を解決していないから、川下で問題が表面化します。

原理原則に照らして本質を見極め、表面化する前の川上にある問題解決に常に取り組むようにすれば、川下で表面化した問題をどうにかしようとする問題対処をしないですむわけです。

問題の根本を解決する姿が常態化している会社にしたい――これが私の願いです。

「問題解決をするだけの会社」になると、わが社はどのような姿になるでしょうか？

まず、車をすぐ買ってくれそうなお客様を探す仕事がゼロになりますから、販売促進や広告宣伝が不要になります。

すると、営業スタッフはお客様満足を生み出すための仕事が全体の九〇％を占めるようになり、残りの一〇％は、契約書作成などの定型的な業務になります。

こうなると、外から見ると何を売っている会社かわからなくなるかもしれません。

このレベルに達すると、レストランやホテルなど、どんな業種に転換したとしても、高い水準のサービスを提供できる会社になるでしょう。会社のもてる力のほとんどを、お客様満足に集中できるのですから、当然です。

しかしわが社では、問題対処がまだゼロではありません。長年、さまざまな問題解決に取り組んできましたが、まだまだすべてを解決できていないのが現状です。

問題対処は、必要に迫られて仕方なく処理する仕事ですから、あまり面白くありません。これをゼロにすることが、重要な課題だと私は考えています。

そのためには、社員一人ひとりが、いつも問題の種を探している姿勢を身につける必要があります。

問題が表面化してから解決策を考えるのではなく、問題の芽を発見し、常に摘み取るような状態にしておくのです。

わが社の社員は、問題解決にはだいぶ慣れてきましたが、まだまだ五〇%ぐらいでしょう。一〇〇%問題の種や芽を探し出すところまで成長するのはこれからです。

そういう意味で、わが社にはまだまだ伸びシロがある。

すなわち、「全社員を人生の勝利者にする」ためにできることがもっとある。

こう考えて、日々の仕事に注力しているのです。

おわりに

「人を幸せにする会社をつくろう」

「全社員を人生の勝利者にしよう」

そんな思いで、私はネッツトヨタ南国を経営してきました。

最初のころは採用が思うようにいかず、人財確保には苦戦もしました。しかし、私が恵まれていたと思うのは、カーディーラーが不人気業種だったことでした。だからこそ、処遇に惹かれる人ではなく、やりがいに惹かれる人に入社してもらうことができました。

また、私は自分のことを、才能ある経営者だと思ったことがありません。そのため、ともに働いてくれる社員一人ひとりの存在が何よりも大切であり、可能性を最大限に発揮してもらう環境づくりに邁進することができたのだろうと思います。

会社がスタートして一八年目、一九九八年九月二十五日のことです。

高知市は、前日から降り続けた未曾有の豪雨で、市内の四分の一が水没するという被害に見舞われました。修理やメンテナンスで預かっているお客さまの車も、被害に遭っていることが予想されました。

その朝、私が出社すると、すでに社員たちは、あらかじめ県外に手配していた積載車を使って、水没した車の救援に奔走していました。

短時間にできるだけ多くの車を回収し、よりよい形でお客さまにお戻しするため、ある者は乾燥設備をつくり、ある者は整備作業をし、またある者は記述式で問題と改善策のやりとりができるよう連絡ボードをつくる、といった具合です。

会社も床上浸水していますから動きが取りにくいうえ、残暑はまだ厳しく、午前の早い時間でもすでに汗だくでした。

そんな過酷な状況の中、だれが指示命令するわけでもないのに、「いま何をしなければいけないか」を共有し、真剣な表情で働く社員の姿がありました。明らかに全員が、お客さまのほうを向いていました。

水が引くまでに数日、元通りにするまでに一週間を要した大変な出来事でしたが、社員たちは「力を出し合うのは当たり前」と思っているようで、連日、元気よく動きます。

この光景を目の当たりにした私は、「これがエンパワーか」と、胸を熱くしたものです。

後日、聞いたところによると、私たちが夢中で走り回っていた初日の午後、同業他社では対策会議を開いていたそうです。


経営者の才覚に疑問を抱いてきた私は、「私に褒められても、それほどうれしくはないだろう」との思いがあり、日ごろ、社員を褒めるということはあまりしません。しかし、ネッツトヨタ南国のいまがあるのは、間違いなく、社員一人ひとりのお陰です。

先日、「当時、思い描いたような会社になっていますか」と記者に質問されたとき、私は即答していました。「それ以上になっています」と。

あの水害の日のように、社員たちのすばらしいコミュニケーションとチームワークがあればこそ、ここまで来られたのです。

私は、自分の可能性を最大限に発揮できる人が人生の勝利者だと考え、私なりに試行錯誤しながら、社員の働くやりがいを追求してきました。そして今後も追求し続けるでしょう。

これが、私にとって、いちばん大切なことをいちばん大切にすることなのです。

横田英毅

著者紹介

横田英毅（よこた・ひでき）

●1943年生まれ。日本大学理工学部卒業後、カリフォルニアシティカレッジに留学。宇治電化学工業（株）（西山グループ系列）、四国車体工業（株）（同）を経て、1980年、トヨタビスタ高知（株）（同・現ネッツトヨタ南国（株））発足と同時に副社長に就任。1987年、同社代表取締役社長。2007年、同社代表取締役会長。2010年、同社取締役相談役に就任して現在に至る。
ネッツトヨタ南国は、全国のトヨタ販売会社300社中、12年連続顧客満足度No.1。
●1917年より続く西山グループ（系列企業32社1財団法人、総資本金14億円、総資本600億円）の資本家の一員として、愛媛トヨタ自動車（株）、（株）西山合名、（株）トヨタレンタリース西四国、四国車体工業（株）などの代表取締役も務める。
●ネッツトヨタ南国では、同社を設立して以来、経営における重要テーマと考えた「人材」の問題に取り組むべく、発足からの10年は自ら採用担当として数多くの学生と面談、現在の経営幹部の採用実務に携わった。以降、同社、同グループにおける人材問題のみならず、高知県産業界の人材にまつわる問題解決にあたるべく、「土佐経済同友会(2000年〜2004年)」「高知県パワーカンパニー会議」「高知県経営品質協議会（KQN）」などの代表幹事、高知県教育委員会が主導する「土佐の教育改革」委員などを務めながら、「人づくり」に関するさまざまな提言を行っている。2009年より高知工科大学客員教授。

会社《かいしゃ》の目的《もくてき》は利益《りえき》じゃない
誰《だれ》もやらない「いちばん大切《たいせつ》なことを大切《たいせつ》にする経営《けいえい》」とは　〈検印省略〉

2013年　7　月　31　日　第　1　刷発行

著　者——横田　英毅（よこた・ひでき）
発行者——佐藤　和夫

発行所——株式会社あさ出版
〒171-0022　東京都豊島区南池袋 2-9-9 第一池袋ホワイトビル 6F
電　話　03（3983）3225（販売）
　　　　03（3983）3227（編集）
F A X　03（3983）3226
U R L　http://www.asa21.com/
E-mail　info@asa21.com
振　替　00160-1-720619

印刷・製本（株）シナノ
乱丁本・落丁本はお取替え致します。

facebook　http://www.facebook.com/asapublishing
twitter　http://twitter.com/asapublishing

ISBN978-4-86063-593-0 C2034